건강하고 지속 가능한 성공을 위한 워라밸 지침서

# 일과 삶의 온도

**초 판 1쇄**  2020년 10월 13일

**지은이** 양현진
**펴낸이** 류종렬

**펴낸곳** 미다스북스
**총괄실장** 명상완
**책임편집** 이다경
**책임진행** 박새연 김가영 신은서 임종익
**본문교정** 최은혜 강윤희 정은희 정필례

**등록** 2001년 3월 21일 제2001-000040호
**주소** 서울시 마포구 양화로 133 서교타워 711호
**전화** 02) 322-7802~3
**팩스** 02) 6007-1845
**블로그** http://blog.naver.com/midasbooks
**전자주소** midasbooks@hanmail.net
**페이스북** https://www.facebook.com/midasbooks425

© 양현진, 미다스북스 2020, *Printed in Korea*.

ISBN 978-89-6637-858-6 03190

값 15,000원

건강하고 지속 가능한 성공을 위한
**워라밸 지침서**

# 일과 삶의 온도

**양현진** 지음

미다스북스

# 프롤로그

## 사랑, 육아, 일, 개인 성장의 조화로운 해법 찾기

영화 〈내셔널 트레져 2〉는 황금도시를 찾아 떠나는 수수께끼와 모험 이야기이다. 주인공 일행은 지하시설을 탐험하던 중 구멍에 빠지게 된다. 하나의 큰 기둥 위에 넓은 나무판이 고정되어 있는데 그 위에 떨어진 것이다. 무게 중심을 잡지 못하면 한쪽으로 기울어져 추락하게 된다. 일행은 각자 모서리에서 중심을 잡으며 판을 평평하게 유지한다. 단 한쪽이라도 무게가 쏠리게 되면 균형을 잡지 못해 무너지는 일촉즉발의 상황이 연출된다. 주인공 일행은 서로 협력하여 중심을 잡는다. 한 명씩 빠져나갈 때마다 중심을 바꿔 결국 모두 탈출에 성공한다.

개인의 삶에는 여러 가지 요소가 존재한다. 사랑하고, 아이를 낳아 기르고, 일하고, 자기계발을 하며 성장한다. 자신의 에너지를 어느 한쪽에만 쏟는다면 영화의 함정에서처럼 균형을 잡지 못하고 한쪽으로 기울어져 추락하게 된다.

일에 내 모든 시간과 에너지를 쏟는다면 어떻게 될까? 사랑, 육아·자녀교육, 개인의 성장이 '삐그덕'거리며 균형이 깨진다. 그것은 일차원적인 삶을 사는 것이다. 나의 에너지가 한쪽으로 쏠리면서 소홀했던 다른 부분은 부정적인 영향을 끼치기 때문이다. 일로 성공했지만, 가족과 서먹한 가장들이 얼마나 많은가? 회사에서 직책이 아무리 높더라도 회사를 나오면 아무도 알아주지 않는다.


반대로 가정과 취미 등에만 충실하면 일과 개인적인 성장의 부분에서는 만족스러운 결과를 얻기 어렵다. 일이 괴로워지면 다른 부분이 만족스럽더라도 전체적인 삶의 만족도는 떨어지게 된다. 보고서는 올리는 족족 상사에게 난도질당하고, 매번 의욕이 꺾인다면 퇴근 후 취미생활이 만족스럽다 한들 무슨 소용이 있겠는가? 직장에서의 고통을 잊기 위해 잠시 여행을 다녀오고, 좋은 물건을 사고, 취미에 열중해도 그때뿐이다. 현실로 돌아오면 고통은 그대로 존재한다.

사랑, 육아, 일, 성장은 따로 존재하는 것이 아닌 '나'라는 인간이 거쳐야 할 과정이다. 각각의 조각이 연결되어 '나'라는 하나의 큰 그림을 완성한다. 마치 하나의 원처럼 이어져 있는 것이다. 일하고 사랑하며 자녀를 키우고 자신의 성장을 위해 노력하는 각각의 과정은 서로 연결되어 상호 작용하기 때문이다. 결국, 내 에너지를 적절히 분배하지 못하면 일, 사랑, 육아, 성장 모두가 무너진다.

블로그에 글을 연재하고, 기업, 도서관, 백화점 등 '워라밸' 및 육아를 주제로 강연을 다니며 직장인들과 소통할 기회가 많았다. 그들과 소통하며 마음속 이야기를 나누다 보니 공통적인 고민은 바로 사랑, 육아, 일, 개인의 성장에 대한 것이었다. 개인의 삶에 퍼즐처럼 이어져 있는 각 요소에 대해 종합적으로 알려주는 책은 시중에서 찾아볼 수 없었다. 그래서 이 시대의 많은 직장인에게 삶의 적절한 균형을 유지할 수 있는 현실적인 노하우를 전달하고, 응원하기 위해 이 책을 출간하게 되었다.

'워라밸'은 일과 가정을 단순히 구분하는 것이 아니다. 사랑, 육아·자녀교육, 일, 성장에 대해 종합적으로 나의 에너지를 분배하고 균형을 유지하는 것이 진정한 '워라밸'인 것이다. 이 책을 통해 대한민국 직장인들이 균형 잡힌 삶을 이루어 '건강한 성공', '지속 가능한 성공'을 만들 수 있기를 바란다.

　마지막으로 항상 든든한 응원과 큰 꿈을 꾸게 해준 인생의 멘토 〈한국책쓰기1인창업코칭협회〉의 김태광 대표님, 멋진 책을 출간할 수 있게 도와주신 미다스북스 류종렬 대표님께 감사의 마음을 전한다. 나보다 나를 더 걱정하고 배려해주신 포스코건설 임직원분들, 아낌없이 지지해주시는 양가 부모님과 가족들에게 존경과 감사의 마음을 드린다.

　아빠를 너무 사랑하고 좋아해주는 서준이, 섬세하고 생각이 깊은 유준이, 애교로 마음을 녹여주는 채윤이와 내조의 여왕인 사랑하는 아내에게 이 책을 바친다.

2020년 10월
양현진

# 차 례

Chapter 1

# 진정으로 원하는 인생을 살고 있는가

Chapter 4

# 일 : 즐겁게 일하고, 눈부시게 성장하라

# Chapter 5

# 성장 : 지금부터 원하는 인생을 시작할 시간이다

# Chapter 1

진정으로

———————————————

원하는 인생을

———————————————

살고 있는가

———————————————

# '하고 싶은 일'보다 '해야 할 일'이 너무 많은 당신

> 66
>
> '하고 싶은 일'과 '해야 할 일'의 조화가 있어야만
> 내 인생의 주인공으로 살아갈 수 있다.
>
> 99

"띠링띠링"

휴대폰 알람 소리에 잠이 깼다. 알람을 끄고 다시 이불 속으로 들어갔다. 따뜻한 이불 속에 더 머물고 싶었지만 지각하지 않기 위해 몸을 일으켰다. 화장실 조명을 켜니 눈이 부셨다. 찡그린 표정으로 이를 닦으며 빛에 조금씩 익숙해져 갔다. 세수와 면도를 꼼꼼하게 하고 머리를 감았다. 드라이기로 머리를 말리며 오늘 할 일을 떠올려보았다. 오전에 회의가 있고, 오후에 보고할 건이 있었다. 회의실이 예약되었는

지 다시 한 번 확인해야겠다는 생각이 들었다.

씻고 나오면 둘째 아이가 화장실 앞에 누워서 나를 기다리고 있었다. 드라이기 소리에 잠이 깬 것이다. 아이를 안고 옷 방으로 가서 옷을 갈아입었다. 아이는 내 혁대를 매주겠다며 조그만 손으로 엉성하게 끼워 맞췄다. 고맙다고 인사를 한 뒤 아이 몰래 혁대 길이를 다시 조정했다. 거실로 나오면 아내와 첫째, 셋째 아이가 나와 있었다. 한 명씩 포옹을 해주고 아쉬워하는 아이들을 뒤로하고 출근을 했다.

출근하면 하루가 금방 지나갔다. 회사에 도착해서 자리를 정리하고, 일하고, 전화 받고, 메일을 확인하고, 점심을 먹고, 회의하고, 문서를 작성하고, 보고하고, 퇴근을 했다. 집에 도착하면 씻고, 청소하고, 아이들과 놀고, 양치를 시켜주고, 책을 읽어준 뒤 잠을 재우고, 스마트폰을 조금 보다 잠이 들었다. 다음 날도 비슷한 일상을 되풀이했다. 그러다 문득 이런 생각이 들었다.

"내가 지금 뭐 하고 있는 거지?"

분명히 어린 시절에는 하고 싶은 일이 많았다. 과학자, 영화감독, 작가 등 꿈꿔왔던 것들이 있었다. 그런데 현재는 내게 주어진 역할만 하고 있었다. 남편 역할, 부모 역할, 자식 노릇, 직장인의 역할 등 각각의 역할에 따라 '해야 할 일'은 끊임없이 밀려왔다. 내가 '하고 싶은 일'은 우선순위에서 밀려나고 당장 '해야 할 일'에만 많은 에너지를 쏟은 것이다.

그렇다고 그 역할들이 나쁘다는 것은 아니다. 가장의 역할, 직장인의 역할 등은 나에게 중요한 부분이다. 내가 선택한 역할이기도 하다. 그 역할을 온전히 수행하기 위해서는 누군가의 밑에서 일해야 할 때도 있고, 정말 원하지 않는 일을 억지로 해야 하는 경우도 있다. 그런 순간이라도 나에게 분명한 목적이 있고, 계속 변화하고, 성장하는 중이라면 나에게 득이 되는 삶을 살고 있는 것이다. 목적 없이 끌려다니며 항상 수동적인 자세라면 대통령이든, 국회의원이든, 회장이든, 팀장이든 상관없이 자신의 인생에 주인공이 될 수 없기 때문이다.

이러한 역할들은 내가 선택하기도 하고 선택받기도 한다. 직장 상사와 부하, 고객과 직원, 남편과 아내, 부모와 자식, 선생과 제자, 지도자와 국민 등 그 역할은 다양하다. 모두 자신에게 부여된 역할을 위해 열심히 살아간다. 그러다 보면 항상 시간에 쫓겨 종종걸음으로 걷다 보니 하늘을 볼 시간이 없다. 마치 개미가 줄을 따라 열심히 먹이를 나르며 하늘은 보지 못한 채 땅바닥만 보고 다니는 것과 같다. 이것은 나 자신을 위한 시간이 아닌 다른 사람을 위한 시간을 살아가기 때문이다.

어떤 이는 자신이 원하는 꿈이 있어도 주변 사람들의 말에 위축되어버린다. 또한 남들이 만들어놓은 평탄한 길과 사회의 시선에서 벗어나지 못한다. 그렇게 많은 사람이 방향성을 잃은 채 다른 사람이 만들어놓은 생각과 역할에 따라 움직인다. 지금 이대로 살면 안 될 것 같지만 그렇다고 당장 무엇을 해야 할지 막막하기만 하다. 그러다 현재의 '해야 할 일'에 떠밀려 이런 느낌은 금세 잊히곤 한다.

결혼하고, 세 아이를 키우는 과정을 통해 '하고 싶은 일'은 내 삶을 정신적으로 풍족하게 해줬다. 예전에는 몰랐던 사랑과 행복을 더 발견하게 되었다. 하지만 내 마음이 채워지는 느낌이 부족했다. 다른 종류의 '하고 싶은 일'이 더 있었던 것이다.

내 몸은 종일 끊임없이 분주하게 움직였다. 피곤함도 다른 사람보다 금방 느꼈다. 하지만 내 마음은 항상 목말라했다. 마음은 무엇인가를 계속 신호를 보내고 있었다. 평소에는 그런 신호나 느낌을 무시해버렸지만, 그럴수록 마음은 지쳐갔다. 지친 마음을 달래고 위로하기 위해 글을 썼다. 글을 쓰면서 차츰 내가 무엇을 원하고 하고 싶은지 깨닫게 되었다. 기존에는 어렴풋하게 상상했던 일을 글을 쓰면서 정리하니 더욱더 선명하고 명확해졌다. 내가 하고 싶은 일은 많은 사람에게 선한 영향력을 끼치고, 글을 쓰면서 나를 새롭게 발견하며 자유로워지는 것이었다.

아이들이 자는 저녁 시간이나 새벽에 일어나 글을 썼다. 직장 생활에 지장이 가지 않도록 시간 조절을 해야 했다. 글을 쓰는 순간만큼은 자유를 느꼈다. 아무도 나만의 세계를 지적하거나 비난할 수 없기 때문이다. 무슨 내용을 쓰든 무슨 생각을 하든 완전한 자유였다. 한 목차를 완성할 때마다 희열을 느끼며 작업에 몰두했다. 글을 쓰고 나면서부터 내 주변의 모든 이야기가 글감이었다. 눈에 보이는 모든 것이 힌트이고 깨달음이었다. 그렇게 내가 관심 있는 분야를 공부하고, 경험과 노하우를 담아 여러 권의 책을 출간했다. 하고 싶은 일을 하니 하루하루가 즐겁고, 회사 일도 더 집중할 수 있었다. 작가로서 삶과 직장인의 삶이 상호 긍정적인 영향을 주며 함께 진화해나갔다.

'해야 할 일'이 전부는 아니다. 모든 재앙은 '하고 싶은 일'보다 '해야 할 일'에만 집중했기 때문에 발생한다. '하고 싶은 일'은 나의 일부이다. 나의 일부(하고 싶은 일)를 버린 채 나머지 반쪽(해야 할 일)만을 위해 산다면 진정한 나 자신으로 살아가는 것이 아니다. 음과 양, 밀물과 썰물, 낮과 밤처럼 '하고 싶은 일'과 '해야 할 일'의 조화가 있어야만 내 인생의 주인공으로 살아갈 수 있는 것이다.

더 이상 '해야 할 일' 속에서만 허우적대지 말고, 한 발 물러서서 바라보라. 숲속에서 길을 잃지 말고, 높은 언덕에 올라가 맑은 바람을 쐬며 전체를 내려다보라. 때로는 허리를 펴고 고개를 들어 하늘을 바라보라. 그 하늘에 숨어 있는 무한한 우주와 자유를 느껴라. 내 안의 진정한 나를 깨우고 '해야 할 일'과 '하고 싶은 일'의 조화를 통해 내 인생의 주인공이 되어보자. 이 책은 당신이 인생의 주인공이 될 수 있도록 구체적인 방향을 제시해줄 것이다.

# 02
## 진정으로 원하는 인생을 살고 있는가

> 66
>
> 당신은 원하는 인생을 선택할 수 있다.
>
> 99

지금까지 두 번의 이직을 했고, 현재 일하고 있는 곳은 세 번째 회사이다. 첫 직장에서는 소프트웨어를 시험 테스트하는 일이 주요 업무였다. 테스트 결과를 있는 그대로 리포팅해야 했는데 보고서는 큰 무리 없이 작성했다.

두 번째 직장에서는 모든 업무가 보고서에 의해 이루어졌다. 기본 계획부터 중간 보고, 추진 결과 등 모든 일에 기안문을 만들어야 했다. 나 혼자 기획하고 상사를 설득하고 예산을 확보해서 일을 추진해 나가야 했다.

두 번째 직장에서 1년쯤 되었을 때의 일이다. 업무 기본 계획서를 작성하는데 추진 내용의 문구가 잘 써지지 않았다. 어차피 무엇을 해야 하는지는 확실했고, 그것을 계획서에 잘 표현해야 하는 작업이었다. 나름대로 보고서를 작성한다고 했지만, 관리자에게는 만족하지 못하는 수준이었다. 몇 번을 퇴짜 맞으니 바로 윗선임이 말했다.

"현진 씨는 왜 이렇게 글을 못 써요?"

평소 친하게 지내는 직설적인 직원이었다. 악의는 없었지만, 글에 대한 내 자신감은 곤두박질쳤다. 아무리 내용을 고쳐도 내 눈에는 다 비슷해 보였고, 형식적인 보고서에 회의감도 들었다. 그렇게 억지로 20번 이상을 퇴짜 맞으며 겨우 넘어갈 수 있었다. '나는 왜 이렇게 글을 못 쓸까?'라는 자책감과 점점 글 쓰는 것에 대한 두려움을 느끼게 되었다. 보고서라면 '딱' 질색이고, 제일 하기 싫은 일 중의 하나가 되었다.

하지만 나를 위한 글을 쓸 때는 달랐다. 빨간펜을 들고 지적할 사람이 아무도 없었고, 무슨 내용을 쓰든지 자유였다. '글을 쓴다.'라는 느낌보다 머릿속의 생각을 '받아 적는다'는 느낌이 들었다. 머릿속의 그림을 종이에 '그린다'는 표현도 적당할 것 같다. 이렇게 나를 위한 글은 블로그를 통해 사람들로부터 환호를 받게 되었고, 검색 포털에 소개되며 많은 응원을 받게 되었다. 나를 위한 글쓰기를 한 뒤 내공이 쌓여 지금은 회사에서 간단한 주제가 정해지면 보고서 초안이 자판기처럼 튀어나온다.

"넌 말 좀 항상 똑바로 해라. 어버버 하지 말고."
"성격이 왜 그렇게 소극적이야?"

내가 어렸을 때부터 많이 듣던 말이다. 말을 크게 하지 못하고 자신 감이 부족해서 아버지에게 항상 혼이 났다. 나를 위한 조언이었지만 성격이 쉽게 변하지는 않았다. 성인이 되어서도 마찬가지였다. 주변 사람들은 알게 모르게 나를 평가하고, 내가 잘하는 것보다 부족한 부분을 끄집어냈다. 물론 응원하고 격려해주는 사람도 많았지만, 부정적인 사람들은 주변에 항상 존재했다. 그런 사람들의 평가에 마음 썼던 시절도 있었다. 현재는 그런 사사로운 감정에 매달릴 여유가 없다. 그런 것보다 더 중요한 일이 나에게는 많이 있기 때문이다.

첫 번째 개인 저서 원고를 완성하고, 출간하기 한 달 전이었다. 부산에서 연락이 왔다. 대형 육아 페어를 개최하는데 강연을 해줄 수 있냐는 문의였다. 나를 어떻게 알게 되었는지 물어보니 블로그에 올려놓은 글을 통해 알게 되었다고 했다. 글이 마음에 들어 강연 요청을 해온 것이었다.

조금 걱정이 되었지만 좋은 경험이라 생각하고 받아들였다. 강연은 1시간이었지만 2박 3일 일정으로 잡고 가족들과 다 함께 강연 전날 부산으로 내려갔다. 여행 겸 강연을 계획했기 때문이다. 둘째 날, 아이들과 아내는 숙소에 머물고 강연 장소로 출발했다.


많은 연습을 하고 PPT를 준비했지만 긴장되는 것은 어쩔 수 없었다. 작가로서의 첫 강연이었기 때문이다. 도착하니 이미 사람들이 와 있었다. 전시회 관람장 옆에 강연 무대가 마련되어 있었다. 무대에 올라가기 전 긴장을 풀기 위해 심호흡을 했다. 시설의 이곳저곳을 둘러보며 환경에 친숙해지는 것도 잊지 않았다. 담당자와 인사를 하고, 몇 가지 안내를 받았다. 한쪽에 기다리고 있으니 무대장치를 담당하는 직원이 앉아 있었다. 그 직원에게 말을 걸었다. 이런저런 대화를 하니 긴장감은 누그러졌다.

그렇게 무대 옆에서 대기하고 있으니 드디어 진행자로부터 소개를 받았다. 무대로 올라가 인사를 하니 청중은 내가 어떤 사람인지 궁금해하는 눈치였다. 어떻게 글을 쓰고 책을 준비했는지 소개했다. 연습한 대로 아이스브레이킹을 위해 관객과 친밀감을 쌓고, 이야기를 하나씩 풀어나갔다. 강연에 몰입하다 보니 내가 말을 하는 것이 아니라, 말이 나를 통해 저절로 나오는 느낌이었다. 정신을 차려보니 이미 1시간이 훌쩍 지나 있었다. 청중들의 박수를 받으며 그렇게 첫 강연을 성공적으로 마쳤다. 책이 출간된 이후는 각종 방송국, 기업, 도서관, 백화점 등에서 강연 요청이 쇄도했다. 회사일로 바쁜 일상을 보냈지만, 주말을 이용해 강연 일정을 소화할 수 있었다.

글을 못 쓴다는 말을 들었을 때 그것을 있는 그대로 받아들였다면 어떻게 되었을까? 평생 글에 대한 두려움을 느끼며 벌벌 떨었을 것이다. 때로는 걱정하고, 분노하고, 회의감을 느끼며 작가가 되리라고는 상상도 못 했을 것이다. 왜 그렇게 말을 잘 못 하냐는 말을 그대로 믿었다면 어땠을까? 지금처럼 많은 사람 앞에서 강연하고 박수를 받지는 못했을 것이다. 성격이 소극적이라는 부정적인 부분을 받아들였으면 어떻게 되었을까? 지금처럼 꾸준히 책을 쓰고 많은 사람을 만나며

왕성한 활동을 하지 못했을 것이다.

사람들은 언제 어디서나 나를 평가하고 규정한다. 겉모습으로 나의 가치를 평가한다. 우리의 마음은 스펀지와 같다. 그래서 나에 대한 잘못된 평가와 꼬리표를 고스란히 흡수한다. 사람은 자꾸 부정적인 이야기를 듣다 보면 내가 정말 그런 존재인 것만 같다. 하지만 명심해라. 다른 사람이 나의 가치를 마음대로 평가하더라도, 내가 그것을 받아들이도록 내버려 두어서는 안 된다.

사람들은 내가 할 수 있는 일과 할 수 없는 일을 마음대로 판단한다. 여기서 문제는 그들의 판단을 고스란히 믿어버리는 것이다. 나의 가치는 스스로 선택해야 한다. 다른 사람이 나에게 달아준 이상한 꼬리표에 순응하지 말아라. 그것에 순응하는 순간 자신의 잠재력은 빛도 보지 못하고 꼭꼭 숨는다. 글을 잘 못 쓰고, 말을 잘 못 하고, 성격이 소극적이어서 내가 하고 싶은 일을 할 수 없다고 믿어버린다. 그래서 변화를 이룰 수 없다고 믿게 된다. 내가 꿈꾸는 미래를 볼 수 없다고 생각이 굳어버린다. 내 안에 걱정, 미움, 두려움으로 가득 차게 되는 것이다.

지금 내 삶이 원하는 방향이 아니라고 느끼는가? 그렇다면 남이 규정한 나의 가치와 역할을 그대로 받아들이며 살고 있지는 않았는지 고민해봐야 한다. 진정 원하는 인생을 살기 원한다면 다른 사람들이 나에게 정한 한계를 절대 받아들이지 말아야 한다. 나의 한계는 전 우주에서 나만 정할 수 있다. 그 누구도 나의 가치를 함부로 규정할 수 없다. 다른 사람의 말을 믿지 말고, 나 자신을 믿어라. 나의 무한한 잠재력과 가능성을 믿어라. 당신은 그럴 만한 가치가 있는 사람이다. 당신은 원하는 인생을 선택할 수 있다. 주변 사람들의 말에 흔들리는 대신 내 안의 소리를 듣고 굳건해져라.

# 03

## 일과 삶의 균형은 아무도 만들어주지 않는다

> 66
>
> 일과 삶이 균형을 이룰 때
> '건강한 성공'을 이룰 수 있다.
>
> 99

대학교 2년을 마치고 바로 군대에 입대했다. 힘겨운 군대 생활을 마치고 말년 휴가를 나와서 바로 복학 신청을 했다. 고생하시는 아버지를 보며 하루빨리 졸업하고 취업을 하기 위해서였다. 대학교 4학년 때였다. 논문을 못 쓰면 졸업을 못 한다는 압박감으로 스트레스를 받았다. 같이 논문 쓰는 조원들은 나만 바라보고 있는 부담스러운 상황이었다. 논문으로 바쁜 생활을 하면서도 다른 한편으로는 마음이 무거웠다. 곧 졸업인데 취업에 대한 압박감이 밀려왔기 때문이다. 뉴스에서는 연일 취업률 역대 최저치를 기록한다는 내용이 보도되었다.

아버지는 언제 취업할 것인지 자주 물어보았다. 동시에 불안감은 점점 커졌다. 다행히 그해 가을 운 좋게 내가 원하는 회사에 합격하면서 첫 직장 생활을 시작하게 되었다. 친구 중에서는 빨리 취업을 한 편이라 동기들의 부러움을 사기도 했다. 입사 후 계속 교육만 받고, 별로 한 일도 없는 것 같은데 한 달 뒤 월급이 들어왔다. 처음으로 받아보는 월급에 마냥 신기하기만 했다. 첫 월급으로 아버지 내복과 용돈을 챙겨드리니 무척 기뻐했다. 아버지는 주변 사람들에게 자랑을 많이 하셨다.

취업했다고 하면 다들 공통적으로 물어보는 질문이 있었다. 바로 '연봉'이었다. 좋은 회사의 판단 기준은 연봉이었던 것이다. 연봉에 따라 그 사람의 능력과 레벨이 정해지는 분위기였다. 그러나 요즘은 좋은 회사의 판단 기준이 많이 변했다. 연봉보다 먼저 물어보는 질문은 '칼퇴 여부'다. 요즘 젊은 직장인들은 고생하면서 몇 푼 더 버는 것보다 덜 벌더라도 칼퇴 하는 직장을 찾기 때문이다. 최근에는 코로나의 여파로 재택근무가 가능한 직장을 더 선호하는 편이다.

맥킨지에서 100대 기업, 4만 명의 근로자 대상으로 조사한 결과에 따르면 OECD 국가별 1인당 연평균 근로시간은 멕시코 1위, 칠레 2위, 한국이 3위다. 다른 나라보다 근무시간은 월등히 높다. 평균 야근 일수는 2, 3일이고, 3일 이상 야근하는 비율이 43.1%로 나왔다. 그러나 1인당 노동 생산성은 25위에 그쳤다. 야근을 많이 할수록 생산성이 감소하는 '야근의 역설'이 발생하는 것이다. 이는 곧 개인의 가정과 삶의 질이 저하되고 개인 경쟁력의 감소로 이어지고 있다.

과거에는 직장 내 성공을 위해 자기 자신과 건강을 희생해왔다. 조직에 대한 충성도를 중요하게 여겼기 때문이다. 평생직장 개념의 시대에는 과거 농업적 근면성과 성실성을 중요한 가치로 보았다. 그래서 많은 직장인이 자신의 건강 및 가족과 함께하는 시간을 포기했다. 그러나 조직에 충성하고 열심히 일했지만, 건강이 나빠지고, 잃어버린 건강을 되찾기 위해 그동안 번 돈을 모두 써버린다면 무슨 소용이 있겠는가? 운 좋게 건강은 되찾더라도 가족과 함께하는 시간은 되찾지 못하는 것이 슬픈 현실이다.

회사 내 평가를 잘 받기 위해서, 승진하기 위해서, 인정받기 위해서 등등 많은 이유로 회사에서 열심히 일했다. 그러면서 하나둘 중요한 업무가 나에게 부여되었다. 중요한 일인 만큼 야근을 하면서 그 일들을 소화하기 위해 노력했다. 회사에서 바쁠수록 힘은 들지만 내가 조직에서 중요한 사람이 된 것 같아서 한편으로는 만족감도 들었다. 하지만 이상하게도 열심히 일할수록 시간이 부족했다. 갈수록 할 일은 늘어나고, 야근을 반복해야 했다. 야근 후 퇴근하면 집에서 잠들고 바로 출근하는 반복적인 삶이 이어졌다. 이렇게 사는 것이 과연 맞는 것인지 의심이 들기 시작했다. 지금은 야근 문화가 많이 없어졌지만, 몇 년 전까지만 해도 야근은 생활이었다.

신혼 초에도 야근하며 밤늦게 집에 들어왔다. 회사에서 인정받고 하루라도 빨리 안정감을 찾고 싶었기 때문이다. 그런 나를 보며 아내는 "집에서 잠만 자고 나가는데 이렇게 할 거라면 왜 결혼을 했는지 모르겠어."라며 투덜거렸다. 어느 날 회사에서 야근하고 있는데 아내에게 전화가 걸려왔다.

"오빠. 지금 회사 앞인데 정리하고 나올 수 있어?"
"응? 지금? 음… 알았어. 10분만 기다려."

황급히 일을 마치고 회사 앞으로 나가니 아내가 기다리고 있었다.

아내는 이렇게라도 해야 나를 볼 수 있을 것 같았다고 했다. 그 덕분에 회사 앞 공원을 함께 산책하며 이야기를 나누었다. 답답한 사무실에서 종일 일하다가 공원의 신선한 밤공기를 맡으니 기분이 좋아졌다. 어디선가 들려오는 귀뚜라미 소리, 산책하는 앳된 연인들, 아이들이 뛰어놀며 웃는 모습이 참 평화로워 보였다. 공원의 야경을 보며 아내와 걷는 그 길은 그전에 알 수 없었던 기쁨이고 행복으로 다가왔다. 문득 아내는 내게 이런 말을 했다.

"내가 필요할 때 오빠가 옆에 있어줬으면 좋겠어."
"나도 그렇게 하고 싶은데. 회사 일이 많아서⋯."

나도 가족과 함께 많은 시간을 보내고 싶지만 그렇지 못할 경우가 많았다. 나뿐만 아니라 이 시대 직장인들의 모습이다. 그러나 우리는 일만 하는 존재가 아니다. 사랑하는 사람도 만나야 한다. 배우자와 서로 맞춰가는 과정이 필요하고, 아이를 키우면서 온갖 어려움에 부딪히기도 해야 한다.

대부분 "돈 많이 벌면 그때 하고 싶은 일 해야지."라는 막연한 목표를 가지고 있다. 그런데 그 나중이라는 미래는 도대체 언제라는 말인가? 지금 나를 필요로 하는 배우자의 곁에 있어주지 못하면 언제 있겠는가? 지금 아이들과 함께 추억을 만들지 못한다면 도대체 언제 만들 것인가? 하루가 다르게 커가는 내 아이의 모습은 지금 아니면 다시는 볼 수 없는 순간이다. '하고 싶은 일'을 지금 하지 못하면 나중에는 아예 못 한다.

일, 사랑, 육아, 성장은 따로 존재하는 것이 아닌 '나'라는 인간이 거쳐야 할 과정이다. 각각의 조각이 연결되어 '나'라는 하나의 큰 그림을 완성한다. 마치 하나의 원처럼 이어져 있다. 일하고 사랑하며 자녀를 키우고 자신의 성장을 위해 노력하는 각각의 과정은 서로 연결되어 상호 작용하기 때문이다.

다른 것들은 제쳐 두고 일에만 전념한다면 일차원적인 삶을 사는 것이다. 나의 에너지가 한쪽으로 쏠리면서 소홀했던 다른 부분은 부정적인 영향을 끼치기 때문이다. 일로 성공했지만, 가족과 서먹한 가장들이 얼마나 많은가? 회사 내에서 직책이 아무리 높더라도 회사를 나오면 아무도 알아주지 않는다. 결국, 나의 에너지를 적절히 분배하지 못하면 일, 사랑, 육아, 성장 모두가 무너진다.

일의 성공과 행복한 삶이 양립 불가능하다는 생각은 잘못됐다. 일과 삶이 균형을 이룰 때 '건강한 성공'을 이룰 수 있다. 일과 삶의 균형은 사회적, 제도적인 지원이 필요하지만, 그것에만 기대고 있을 수는 없다. 정부나 기업은 이 문제를 해결하기 위한 보조적인 역할을 할 뿐 완전히 해결할 수 없다. 모든 것은 나 자신에게 달려 있다. 우리가 원하는 삶을 위해 각자 삶을 통제하고 책임을 져야 한다. 균형 잡힌 삶은 '지속 가능한 성공'을 만들 수 있기 때문이다. 건강한 성공은 개인에게 정서적 풍요로움을 가져다주고, 일의 능률 향상으로 이어져 기업과 국가에도 이익이다. 나 스스로 시간과 에너지를 한쪽에 치우치지 않음으로써 일과 삶의 균형을 유지할 수 있다.

# 04

## 어떻게 일하고, 사랑하며, 성장하는가

66

어제보다 오늘 더 발전했다면
성공한 성장이다.

99

몇 년 동안 수원에서 서울로 출퇴근을 했었다. 새벽에 일어나 씻고 서둘러 출근 준비를 했다. 버스 정류장에 가면 이미 줄이 길게 늘어서 있었다. 한참 기다리다 보면 버스가 도착했다. 버스에는 이미 사람들로 꽉 차 있었다. 사람들을 비집고 버스 안으로 겨우 몸을 구겨 넣었다. 아슬아슬하게 문이 닫히면 버스는 바로 출발했다. 버스 출입문 입구에 서서 1시간 동안 서울로 가는 길은 고통이었다. 땀이 '뻘뻘' 나고 다리와 허리도 아팠다. 사람들이 좁은 공간에 밀집되어 있다 보니 공기도 답답했다. 출근 시간이라 버스는 가다 서다를 반복했다.

그렇게 사당역에 겨우 도착을 했다. 버스에 내려 바깥공기를 쐬니 살 것 같았다. 지나가는 사람들은 모두 약속이나 한 것처럼 빠른 걸음으로 걷고 있었다. 나도 그 사람들 무리에 합류했다. 머리에 '송골송골' 맺힌 땀이 바람에 채 식기도 전에 지하철 입구로 들어갔다. 여기서부터 지하철을 타고 이동해야 했다. 출근시간대의 지하철 2호선은 발 디딜 틈이 없었다. 파도에 떠밀려가듯 지하철을 탔다. 사람들로 빽빽한 지하철 안에서 유리에 비친 내가 보였다. 상쾌한 아침이어야 했지만 내 얼굴은 벌써부터 피곤에 찌든 얼굴이었다. 매일 보는 얼굴이지만 자세히 보질 않아서 그런지 낯설게 느껴졌다. 몇 년 동안 반복되는 '일상적인' 아침 출근길의 내 모습이었다. 하지만 이런 내 모습이 왠지 일상적이면 안 될 것 같다는 느낌이 들었다.

종일 바쁜 일상을 살고 있지만, 도대체 왜 이런 삶을 살아야 하는지 종종 의문이 들곤 했다. 부모님이 그렇게 살라고 해서? 모두가 다 그렇게 살고 있으니까? 돈 벌어야 하니까? 열심히 공부해서 대학에 들어가고, 회사에 취업하고 결혼하고 아이 낳고 그냥 이렇게 계속 살면 되는 것일까? 지금 이쯤에서 철학적이고 현실과 조금은 동떨어져 보이지만 지극히 현실적인 이 질문을 하겠다.

"어떻게 살아야 하는가?"

무작정 바쁘게 살아야 할까? 활발하게 살아야 할까? 조용히 살아야 할까? 남들 사는 대로 평범하게 살아야 할까? 부모님이 정해준 길을 따라야 할까? 사람들이 말하는 평탄한 삶을 살까? 많은 질문이 내 머릿속에 쏟아졌다. 때로는 남들이 사는 것처럼 따라 해봤지만 영 불편하고 느낌도 별로 좋지 않았다.

마치 나에게 맞지 않은 옷을 입은 것처럼 불편했다. 나에게 없는 것을 표현하려니 힘만 들고 의미와 가치를 찾지 못했기 때문이었다. 결론은 나답게 성장하며 사는 것이다. 다른 사람들 따라 하지 말고 내가 가지고 있는 색깔대로, 어제보다 오늘 더 성장하며 사는 것이 나의 결론이다.

나답게 성장하면서 살기 위해서는 우선 내가 어떤 사람인지 알아야 한다. 지하철 유리에 비친 내 모습이 낯설게 느껴졌듯이 우리는 자신을 너무 모르고 살아간다. 때로는 나도 내가 낯설다. 평생을 살면서도 내가 어떤 사람인지 잘 모르고 사는 경우가 많다. 내가 무엇을 좋아하고, 무엇을 원하고, 무엇을 잘하고, 무엇을 싫어하는지 잘 모른다. 다른 사람들의 기호나 군중심리를 통해 내가 마치 원하고, 잘하고, 싫어 하는 것이라 느끼는 것은 아닐까?

"귀찮은데 그냥 이대로 살면 안 되나요? 소확행(소소하고 확실한 행복)만 누리며 살고 싶어요."

그것을 원한다면 그렇게 살아도 상관없다. 지금의 삶에 만족하고 행복하다면 그것으로 충분하다. 순간순간의 기쁨과 행복은 중요하다. 하지만 시간이 지남에 따라 내 안에 공허함이 쌓인다면 다시 생각해봐야 한다. 무엇인가 채워지지 않는 갈증을 느끼기 때문이다. 내 마음의 소리, 내면의 느낌은 항상 그 자리에서 우리에게 신호를 보내온다. 그런 느낌을 무시하거나 외면해버린다면 마음속 공허함은 점점 더 커질 것이다.

성장해야 하는 이유는 간단하다. 성장은 나에게 기쁨과 행복을 가져다주기 때문이다. 욕구를 충족하면서 느끼는 행복은 일시적이다. 맛있는 음식을 먹으면 몇 시간 뒤에는 다시 배고픔이 찾아온다. 예쁜 옷을 사면 며칠은 즐겁지만 한 달 뒤에는 별 감흥이 없어진다. 내 욕구를 채우기 위해 새로운 것을 평생 찾아 헤맨다. 욕구 충족에 의한 일시적인 행복은 더 많은 행복을 끊임없이 요구한다. 이것은 마치 구멍 뚫린 주전자와 같다.

하지만 성장의 기쁨은 단순한 욕구 충족에 그치지 않고 행복 그 이상을 나에게 선물한다. 그 느낌을 언어로는 표현하기 어렵지만 가장 비슷한 말은 '황홀감'이다. 성장을 통해 느끼는 황홀감은 지속적이고 누적된다. 그런 행복과 황홀감을 맛본 사람은 역설적이게도 성장을 위해 크게 애쓰지 않는다. 누가 시켜서 하는 일이 아니라 내가 행복하고 황홀하니 스스로 성장하기 때문이다. 한 걸음만 더 가면 최고급 요리가 기다리고 있는데 눈앞의 패스트푸드에만 만족할 것인가? 선택은 당신의 몫이다.

며칠 동안 글을 쓰지 못했다. 아이들 잠을 재우다 잠들어버리고, 갑자기 바쁜 일이 생겨서 원고를 못 쓰고 있었기 때문이다. 금요일에 퇴근하면서 오늘 저녁에는 별일이 생기지 않기를 바랐다. 원고가 거의 완성되는 시점이라 빨리 마무리하고 싶었다. 그날은 다행히 아이들도 일찍 잠이 들었다. 10시쯤 살며시 방에서 나와 노트북을 켰다. 처음에는 '깜빡깜빡' 하는 커서를 바라보다 갑자기 생각이 떠올라 키보드를 두드렸다. 한참을 쓰다 보니 내가 글을 쓰는 것이 아니라 머릿속 생각이 화면에 저절로 채워지는 느낌이었다.

그러다 어느 순간 깜짝 놀랐다. 원고를 다 썼다는 것을 깨달았기 때문이다. 시계를 보니 새벽 4시였다. 어안이 벙벙하고 진짜 다 쓴 것이 맞는지 다시 한 번 확인했다. 계획했던 모든 내용이 완성되어 있었다. 자리에서 '벌떡' 일어나 조용한 환호성을 질렀다. 평소 같으면 11시만 넘겨도 졸음이 쏟아졌지만, 이날은 쌩쌩했다. 피곤함을 전혀 느낄 수 없었고, 오히려 활력이 넘쳤다. 기쁨과 행복을 넘어 무한한 황홀감을 느꼈다. 이때 완성한 원고는 책으로 출간되어 많은 사랑을 받았다. 지금도 내 책장에 꽂힌 책은 아이들이 아빠 책이라며 낙서를 해놨지만 상관없다. 이 책을 보고 있으면 뿌듯함과 행복감이 찾아오기 때문이다. 게다가 내 책을 읽고 감사 문자를 보내는 독자를 보면 그 보람과 행복감은 이루 말할 수 없다.

우리는 몰입을 통해 종종 시간과 장소를 잊을 때가 있다. 시간과 장소의 흐름을 초월하기 때문이다. 나 자신은 사라지고 행위만이 저절로 이어지는 세상이다. 회사에서 일하든, 집에서 청소하든, 연인과 데이트를 하든, 자녀와 놀든, 글을 쓰든 무슨 일이든지 몰입을 경험하라. 시간과 공간에서 벗어나는 경험을 할수록 해방감을 느끼고 일이 쉬워질 것이다. 잘하려고 의식하면 할수록 일이 어려워진다. 운동선수 코치들이 항상 하는 이야기는 몸에 힘을 빼라는 것이다. 몸에 힘이 들어가면 근육이 굳어지고 실력을 제대로 발휘할 수 없기 때문이다. 잘하려는 마음을 비우고 몰입하다 보면 일이 순조롭게 진행되는 것을 느낄 수 있을 것이다.

"어떻게 살아야 하는가?"에 대한 나의 대답은 이것이다. 나답게 성장하자. 성장은 몰입을 통해 더 쉽고 빠르게 진행할 수 있다. 성장은 완성이 아닌 과정이다. 어제보다 오늘 더 발전했다면 성공한 성장이다. 성장을 통해 자유와 해방감을 느끼고 더 나아가 황홀함까지 맛볼 수 있기를 바란다.

# 05

# 잘되는 사람들의 비밀

> 66
> 내면의 느낌과 가슴의 떨림에
> 귀를 기울여야 한다.
> 99

고등학교 때였다. 2학년이 되면서 문과·이과 중 하나를 골라야 했다. 부모님은 형을 따라 문과에 진학하길 원했다. 학교 선생님이나 공무원 같은 안정적인 직장을 원했기 때문이다. 그러나 난 이과 진학을 원했다. 공대 쪽으로 가고 싶었기 때문이다. 초등학교 때부터 컴퓨터로 자판을 치면 화면에 글자가 나오는 것이 신기하고 좋았다. 컴퓨터 부팅을 할 때 나오는 '삐' 소리를 들으면 왠지 내 몸의 세포들이 모두 원위치로 정렬되는 느낌이었다. 컴퓨터 냉각 팬에서 나오는 '윙~' 소리까지 좋았다. 키보드의 자판을 보고만 있어도 재미있을 때였다.

중학교 때는 부모님을 졸라 컴퓨터 학원에 들어갔다. 학원에서 여러 가지 프로그램 언어를 공부하며 다양하게 창조해낼 수 있다는 것에 희열을 느꼈다. 프로그램 코드로 음악을 만들어보고, 고등학교 축제 때는 심리 테스트 프로그램을 만들어 전시했었다. 다양한 계산 수식을 만들며 하나하나 만들어가는 재미를 경험했다. 부모님은 컴퓨터 분야로 간다고 하면 동네에서 PC 정비해주는 이미지만 떠올렸다. 직업에 귀천은 없지만, 부모님이 원했던 분야는 아니었다.

그러나 그때 내 느낌대로 진로를 결정한 덕분에 지금은 전공을 살려 국내 대기업에서 근무하고 있다. 싫은 일을 억지로 하는 것이 아니라, 내가 좋아하고 관심 있는 분야에서 일하니 업무에 대한 거부감이 없다. 그때 내 느낌을 무시하고 부모님이 정해준 길로 갔다면 어떻게 되었을까? 일의 성공 여부를 떠나서 분명 행복하지 않았을 것이다.

내 잠재의식은 나에게 항상 느낌으로 신호를 보낸다. 가장 최고의 타이밍에 정확히 들어맞는 느낌을 나에게 보내온다. 특정한 체험을 하거나, 무엇을 보았거나, 생각이 떠올랐을 때 기분 좋음, 온몸에 짜릿한 전율, 가슴의 두근거림을 느낀다면 그것은 나에게 좋은 것이다. 내 몸은 우주에서 가장 뛰어난 탐지기이기 때문이다. 그러니 내면의 느낌과 가슴의 떨림에 귀를 기울여야 한다.

그러나 사람들은 내 느낌과 다른 사람의 말이 서로 다를 때 내 느낌은 무시하고, 다른 사람의 말을 따른다. 그것이 더 검증되고 안전해 보이기 때문이다. 다른 사람들이 나보다 공부를 더 많이 했고, 나보다 인생 경험이 더 많고, 나보다 더 지혜로워 보인다. 그래서 내 느낌보다 그들의 말에 따르기로 선택한다. 살다 보면 타인에 의해 내 느낌이 잘못된 것처럼 여겨질 때도 있을 것이다. 그러나 그럴 때일수록 내면의 소리에 더 귀 기울여야 한다.

지금은 고인이 된 애플의 창시자 스티브 잡스(Steve Jobs, 1995~2011)는 자신의 느낌에 귀 기울이는 대표적인 인물이었다. 그의 친어머니는 대학원생인 젊은 미혼모였다. 그녀는 혼자 아이를 키울 수 없어 고민 끝에 입양을 보냈다. 입양을 간 스티브 잡스는 잘 성장하여 대학에 들어갔다. 그러나 노동자층의 양부모는 평생 모은 돈을 그의 학비로 쓰고 있었다. 그는 대학교가 이 정도의 가치는 없다는 것을 깨닫고 중퇴했다.

그 후 재미있어 보이는 서체 과목을 몰래 듣기 시작했다. 호기심만으로 시작한 공부였다. 이때의 경험으로 그는 10년 후 아름다운 서체를 가진 매킨토시 컴퓨터를 세계 최초로 출시했다. 스티브 잡스가 가습이 시키는 대로 서체 교육을 받지 않았다면 오늘날 다양한 서체를 가진 개인용 PC가 나오지 못했을 것이다.

경영 문제로 애플에서 쫓겨난 스티브 잡스는 잠시 방황했지만 여전히 일을 사랑한 그는 자신의 가슴이 시키는 일을 했다. 회사 '넥스트'와 '픽사'를 만든 것이다. 픽사는 세계 최초의 3D 애니메이션을 만들어 〈토이스토리〉, 〈몬스터 주식회사〉, 〈니모를 찾아서〉 등 성공한 애니메이션 영화사가 되었다. 지금은 일반화된 3D 애니메이션이지만 그 당시만 해도 획기적인 도전이었다.

그는 어떤 상황에서도 자신의 느낌에 따라 행동했다. 자신이 만든 회사에서 쫓겨나 철저히 실패했다고 보이는 순간에도 가슴 떨리는 일을 새롭게 시작했다. 가슴이 시키는 일도 용기가 필요하다. 자신의 인생에 전혀 도움이 될 것 같지 않더라도 시간이 지난 시점에 보면 모든 점이 완벽하게 이어졌음을 알 수 있기 때문이다. 스티브 잡스는 이런 느낌을 직감이라고 표현했다. 난 조금 더 포괄적이고 친숙한 '느낌'이라는 표현이 더 좋다.


클로드 섀넌(Claude Shannon, 1916~2001)은 정보이론의 아버지라 불리며, 지금의 디지털 회로 이론을 창시한 인물이다. 0과 1의 이진법, 즉

비트(bit)를 이용해 문자, 소리, 이미지를 전달하는 방법을 고안했다. 지금의 인터넷, e메일, 동영상, 문서 등은 모두 그의 이론에 기반을 두고 있다. 그가 없었다면 지금처럼 편리하게 컴퓨터와 인터넷을 사용할 수 없었을 것이다.

그는 빌 게이츠나 스티브 잡스처럼 대중에게 많이 알려지지는 않았다. 딱딱해 보이는 학자로 생각할 수 있지만, 그 또한 자신의 느낌에 충실한 인물이었다. 그는 어릴 적부터 수줍음이 많았고, 동시에 놀이와 장난을 좋아했다. 그는 저글링과 외발자전거에 호기심이 많았다. 저글링과 외발자전거만 생각하면 두근거리고 잘하고 싶다는 욕심이 생겼다. 컴퓨터 학자가 외발자전거? 저글링이라니? 잘 어울려 보이진 않지만, 그는 자신의 호기심과 기분 좋은 흐름을 따라갔다.

저글링에 대한 폭발적인 호기심으로 결국 저글링 하는 기계까지 만들었다. 공을 위로 던지면서 하는 저글링이 아닌, 땅으로 공을 튕기면서 하는 저글링 기계였다. 이를 계기로 건물을 짓는 로봇을 만들 수 있다는 점을 증명해냈다. 향후 외발자전거 로봇까지 만들어내는데 이때의 균형 시스템은 지금의 로봇 제조에 유용하게 활용되고 있다. 알츠하이머병을 앓다 2001년 세상을 떠나기 전까지 그는 저글링에 관한 논문을 쓰고 있을 정도였다.

이처럼 잘되는 사람들은 대부분 자신의 느낌, 직관, 가슴이 따르는 일에 충실했다. 남들의 시각에서는 인생에 도움이 되지 않는 '쓸데없는 짓'이라고 손가락질하는 행동은 사실 알고 보면 가장 '쓸 데 있는 짓'이었던 것이다. 내 느낌이 자신을 어디로 데려갈지 그 순간에는 알 수 없다. 때로는 불안하고 무책임하게 보일 수도 있다.

퍼즐 놀이를 하다 보면 작은 조각이 어디에 맞춰질지 모르는 것과 마찬가지다. 하지만 퍼즐이 모두 완성된 시점에서는 그때야 비로소 그때의 작은 퍼즐이 어디에 정확하게 맞는지 알 수 있다. 쓸데없는 퍼즐은 없다. 인생이 자꾸 '삐거덕' 거리고 잘 풀리지 않는다면 내 느낌에 귀 기울여봐야 한다. 나만의 퍼즐 판에 다른 사람의 퍼즐을 억지로 끼워 넣고 있지 않은가?

내 느낌은 모든 퍼즐을 맞춰주기 위한 가이드 역할을 해준다. 우주 최고의 전문가(내 느낌)가 나를 가이드 하는데 다른 비전문가(다른 사람의 말)를 왜 따르려 하는가? 다른 사람의 삶을 살면서 인생을 낭비하지 말아라. 내면의 진정한 목소리를 들어보자. 느낌은 내가 무엇이 되고자 하는지 이미 알고 있다.

## 06

# 생각 당하지 말고 스스로 생각하라

> 더 이상 다른 사람의 낡은 생각에 지배당하지 말고
> 스스로 생각하는 훈련을 해보자.

대학교 입학 후 1~2년 동안은 자유를 느끼면서 동시에 고민이 많던 시절이었다. 남자에게는 군대 문제가 있기 때문이다. 군대를 다녀오고 복학을 해야 할지, 학군사관(ROTC)에 지원할지, 대학원에 진학할지 고민이 많았다. 고등학교 때까지만 해도 학교에서 객관식 문제에 익숙해져 있었다. 스스로 생각하고 선택하는 것에 익숙하지 않았다. 그런데 갑자기 닥친 인생의 큰 결정을 스스로 해야 한다는 것에 부담과 압박이 느껴졌다. 이럴 때 '누군가가 명확하게 결정을 해주면 얼마나 좋을까?'라는 생각이 들었다.

그러던 중 친한 학교 선배도 나와 같은 고민을 하고 있었다. 그 선배는 학교 내에서 가장 실력이 좋았고, 교수님에게도 인정을 받고 있었다. 선배도 군대에 대해 고민했지만 결국 대학원 진학을 결정했다. 나중에 군대 대신 산업체로 갈 생각인 것이었다. 나에게도 대학원 연구실에서 같이 공부하자고 제의를 했다. 선배는 군대 다녀오면 머리가 굳어질 텐데 시간이 너무 아깝다고 했다. 솔깃하긴 했지만, 무엇이 정답인지 확신이 들지 않았다.

생각할수록 답은 나오지 않고 머리만 복잡해졌다. 그런데 내면으로 깊숙이 파고들수록 내가 어떤 상태인지 알 수 있었다. 군대에 대한 막연한 두려움 때문에 대학원을 방패로 삼고 있다는 것을 깨달았다. 다른 한편으로는 지금 하고 있는 공부가 뒤처질 것 같다는 걱정이 동시에 존재했다. 또한 당당하고 떳떳해지고 싶다는 욕구도 있었다.

결국 '피하지 말고 당당히 군대 다녀오고 내 할 일 하자.'라는 결론을 내렸다. 그래서 군대를 다녀와서 복학을 하고 취업을 했다. 어려운 결정이었지만 스스로 생각하고 선택한 것에 대해 뿌듯함을 느꼈다. 가고 싶었던 대학원은 직장 다니면서 야간 수업을 들으며 석사 학위를 취득했다.

인생을 살다 보면 정확히 답이 없는 경우가 많다. 중요한 의사결정을 내려야 하는데, 무엇이 최선인지 확실치 않을 때가 종종 발생한다. 이사를 해야 하는데 언제 하는 것이 좋을지, 직장을 계속 다닐지 아니면 옮겨야 할지, 회사에서 이번 프로젝트를 실행할지 말지, 결혼할지 말지, 자녀를 몇 명 가져야 할지, 훈육은 어떻게 해야 할지 등등 무수한 선택의 기로에 서게 된다. 누군가는 이렇게 하라, 다른 누군가는 저렇게 하라 하면서 사람마다 생각이 전부 다르다.

사람들은 인생의 중요한 주제들에 대해 자신만의 판단을 내리고 싶어 하지 않는다. "누군가 나 대신 생각해서 결정해 줘.", "무엇이 옳은지 그른지 얘기해 달라"며 결정을 남에게 미룬다. 특히 선생님, 부모님, 지도자들 등 그들의 말에 귀 기울인다. 안 그래도 스스로 생각하기 귀찮았는데 이 생각이 옳다고 제시해주니 아주 편하다. 특히 그들의 말에 즉각 동의하고 받아들이면 인정과 칭찬을 받을 수 있다. 그래서 다른 사람들이 이미 결론지어 놓은 가치나 생각을 그대로 받아들이기 쉽다.

그들의 생각을 받아들이는 것이 무조건 나쁘다는 것이 아니다. 여기서 문제는 나 자신만의 생각 과정은 생략한 채 다른 사람의 생각을 그대로 받아들인다는 것이다. 시간이 지나면 그 사고가 다른 사람의 생각이 아닌 내 생각이라는 착각에 빠진다. 아침에 읽은 신문기사의 평론을 점심시간에 자기의 생각인 것처럼 이야기하고 다니는 것은 이 때문이다.

스스로 생각하기는 힘든 일이다. 그럼에도 불구하고 스스로 생각하고 선택해야 한다. 내 인생이고 스스로 삶에 책임을 져야 하기 때문이다. 다른 사람의 생각은 참고만 하되 결국 스스로 생각해야 한다. 스스로 생각하지 않은 개념은 모래 위의 성처럼 불안하다. 내가 충분히 소화하지 못한 생각은 합리성과 논리를 충분히 갖추고 있지 못하기 때문이다. 또한 나 다운 생각이 아니기 때문에 나답게 성장하는 방식에 위배된다.

정치인들이 국회에서 소리치며 싸우는 이유는 자기 생각을 논리와 합리성을 가지고 타인과 협의해가는 과정이 미숙하기 때문이다. 남녀끼리 싸우는 이유는 자기의 생각과 감정을 솔직히 말하고, 상대방은 그것을 인정하고 받아들이는 훈련이 되어 있지 않기 때문이다. 부모와 자식 간의 불화 또한 자신의 생각을 제대로 전달하지 못하고 상대방에게 강요하기 때문이다. 직장 내에서 소리만 지르고 협조가 잘되지 않는 사람은 자기의 일에 대한 당위성, 시급성, 명분에 대해 제대로 설명하지 못하고 상대방을 배려하고 협의하는 훈련이 되어 있지 않기 때문이다. 이런 문제들은 모두 스스로 생각하면서 충분히 소화하는 과정을 생략했기 때문에 발생한다.

아내는 나에게 항상 가정의 중요성을 이야기했다. 아이들과 시간을 함께 보내는 것에 대한 중요성, 항상 같이 있고 싶은 아내의 마음을 나에게 표현했다. 나도 그것이 중요하다는 것은 알았지만 회사일 때문에 어쩔 수 없다고만 생각했다. 내가 선택할 수 있는 것이 아니라 여겼다. 그러나 이 문제에 대해서 곰곰이 생각하면서 생각의 전환이 일어났다.

문제는 나 자신이었다. 회사 일 때문에 어쩔 수 없는 것이 아니었다. 일은 내가 선택한 것이었다. 회사에서 인정받고 빨리 안정을 찾고 싶은 마음은 누가 시킨 것이 아닌 내가 결정한 것이었다. 내게 선택 권한이 있다는 것을 깨달은 이후부터는 회사, 가정, 나 자신의 성장에 균형을 맞추기 위해 노력했다. 그런 과정을 통해 오히려 회사 일, 가정, 성장에 긍정적인 영향을 미치며 상호 보완해갈 수 있었다.

대부분 고정된 생각은 바뀌지 않는다. 새로운 정보가 들어왔음에도 자신의 기존 생각을 변경하지 않는다. 생각을 바꾸는 것을 마치 '나는 바보다. 나는 어리석다.'라고 인정하는 꼴이라 생각하기 때문이다. 새로운 사실이 밝혀지면서 과거 생각이 잘못된 것이 확실한데도 사고를 바꾸지 않는다. 심리학에서는 이를 '확증편향(Confirmation bias)'이라 한다. 기존의 자신의 생각과 부합되는 정보만 받아들이고, 그것과 어긋나는 정보는 거부하는 현상이다.

사람은 생각의 일관성을 매우 중요시한다. 물론 흔들리지 않는 가치를 지켜나가는 것은 중요하다. 생명, 자연보호 등 이러한 가치는 바뀌어서는 안 된다. 그러나 회사, 문화, 가정, 자녀, 환경, 그리고 나 자신도 바뀌고 있다. 요즘처럼 급변하는 세상에서 일관성을 고집하는 것은 그야말로 재앙이다.

그리고 그 생각이라는 것이 대부분 남의 생각이고 옛날의 사고들이다. 지금 우리의 정신은 낡은 사고들로 가득 차 있다. 지금의 환경과 나에게 맞는 생각으로 다시금 전환해야 한다. 현명한 사람은 일관성에 큰 의미를 두지 않는다. 자신이 틀렸음을 인정하는 것을 '나는 생각이 깨어 있다.'라고 해석하기 때문이다. 그래서 변화에 따라 기존의 고정된 생각을 깨고, 나만의 생각으로 다시 채워 넣는다. 깨어 있는 사람일수록 기존 생각을 바꾸는 태도를 유지한다. 이것은 용기가 필요하다. 용기가 없다면 기존의 생각만 고집하게 된다.

내 생각을 바꾸고자 한다면 지금이 중요하다. 지금이 기회다. 이것이 바로 나답게 성장하고 진화하는 길이다. 이 책을 읽는 독자 또한 이 글을 그대로 받아들이지 마라. 스스로 생각하고, 충분히 비판하고, 나다운 필터를 통해 거르고, 나만의 생각으로 발전시켜야 한다. 더 이상 다른 사람의 낡은 생각에 지배당하지 말고 스스로 생각하는 훈련을 해보자.

# 07

## 결심하지 말고 선택하라

> ❝
> 누구나 더 나은 삶을 살 자격이 있다.
> ❞

　글을 쓴다는 것은 쉬우면서도 어렵다. 어느 때는 '술술' 글을 썼다. 마치 무엇엔가 홀린 것처럼 저절로 글이 써졌다. 그럴 때면 재미와 성취감, 그리고 내가 조금 더 성장한 느낌이 들며 힘이 불끈 솟기도 했다. 그런데 어느 날은 아무리 '끙끙' 거려도 단 한 줄도 못 쓸 때가 있었다. 생각 정리가 안 되고, 글감을 찾지 못해 마음만 조급해졌다. 그런 날이 며칠 이어지면 책상에 앉는 것 자체도 부담으로 다가왔다. 이렇게 슬럼프에 빠져들면 몇 주 동안 글 쓰는 것에 대한 거부감이 들었다. 책상을 보는 것 자체가 무서워졌다.

이쯤 되면 내 머릿속에서는 슬슬 핑곗거리를 찾기 시작했다. '오늘은 회사 일이 너무 피곤했으니 일찍 자자.', '생각이 조금 더 정리되면 그때 쓰자.'라며 끊임없는 자기 합리화를 시작했다. 그것도 매일매일 새로운 핑곗거리로 글을 쓸 수 없는 이유를 맹렬히 찾았다. '오늘은 꼭 글을 써야지.' 결심하더라도 아이들을 재우며 잠들어버릴 때가 많았다. 그러면 아침에 일어나서 후회하고, 나의 의지력을 탓했다.

사람들은 결심한다. 다이어트, 독서, 일, 공부 등 내 삶을 더 낫게 하기 위해 굳게 결심한다. 이번에야말로 다이어트에 성공하기 위해 주변에 다이어트를 공개한다. 다이어트에 대한 큰 결심을 하고 며칠의 노력으로 조금의 성과가 보일 때도 있다. 하지만 점점 냉장고의 케이크를 먹고, 눈앞의 탄산음료를 먹으며 실패로 돌아간다. 이런 실패를 반복할수록 자신을 실패자로 여기며 자신감이 곤두박질친다.

내 안에는 여러 종류의 내가 있다. 게으른 나, 열정적인 나, 비관적인 나, 낙관적인 나, 무관심한 나, 충동적인 나 등 한두 가지가 아니다. 처음에는 열정적인 내가 일을 시작한다. 하지만 시간이 흐르면서 게으른 내가 고개를 든다. 결심한 일은 흐릿해지고 핑곗거리를 찾기 시작한다. 계획은 모두 물거품이 되고 만다.


결심한 일을 이루지 못했을 때 의지력이 부족했다며 자신을 탓한다. 우리는 의지력을 너무 맹신하고 있다. 사람의 의지력은 일시적이다. 그러니 자신을 너무 탓하지 마라. 의지력으로 시작은 할 수 있지만, 그것을 지속하는 것은 전혀 다른 영역이다.


예전에 다니던 회사의 동료 M 씨가 있었다. M 씨는 자신의 삶에 대한 열정으로 가득했다. 그래서 무엇이든 배우고 발전하기 위해 노력했다. 나는 이런 열정적인 사람이 주변에 있으면 항상 응원하고 지지해준다. 같이 에너지를 공유하며 함께 성장할 수 있기 때문이다. 그러나 M 씨는 시작만 할 뿐 마무리를 항상 못 했다. 야간 대학원에 간다며 등록금을 내고 한 학기를 잘 다니는 듯했다. 그러나 지금은 다른 일로 바쁘니 잠시 공부를 그만둬야겠다며 휴학을 신청했다. 휴학하는 동안 대학원 논문을 어떻게 쓸지 준비해보겠다고 했다. 그 이후 M 씨는 그 대학원 근처에 가지도 못하고 몇 년째 계속 휴학 중이다.


어느 날 국가 자격증을 따겠다고 했다. 1년 치 온라인 강의 결제를 하고 한 달은 열심히 들었다. 그런데 자격증 시험 날이 너무 촉박하다며 내년에 다시 공부하겠다고 했다. 이왕 시작한 것 끝까지 해보라고 했지만, M 씨에게는 자꾸 다른 일이 생기곤 했다. 그래서 M 씨의 자리에는 두꺼운 자격증 책이 몇 년 동안 그대로 있었다.

우리가 목표를 추구하고 강한 의지를 불태우면서 시작은 할 수 있다. 이것은 전력 질주를 하는 것과 같다. 어떻게든 하루 이틀 운동하고, 일주일은 공부하게 만들고, 하루는 글을 쓰게 만든다. 그러나 의지력은 지속하는 것에 큰 도움이 되지 않는다. 자신의 충동과 핑계에 계속 충돌하기 때문이다. 그리고 그 충돌에서 지는 쪽은 항상 나다. 내면의 충동과 세상의 핑곗거리에 제대로 저항하지 못하는 것은 당신의 잘못이 아니다. 자책하며 부정적인 생각에 사로잡히게 될 경우 상황만 더 악화시킬 뿐이다. 다시 시작할 수 있는 에너지를 갉아먹기 때문이다.

그렇다면 목표로 한 일을 어떻게 하면 지속할 수 있을까? 그것은 선택하는 것이다. 무슨 소리인지 의아할 것이다. 잘 해보려는 강한 의지와 열정은 필요 없다. 매번 전력 질주를 할 수는 없다. 그것이 시작은 할 수 있어도 매일 하기는 어렵기 때문이다. 그 대신 매일 부담 없이 작게 '선택'을 하는 것이 쉽다.

글이 잘 안 써질 때면 '오늘 1장만 써보자.'라고 선택했다. 그런데 이것도 초반에는 부담이 됐다. 그래서 다시 '하루에 10분만 써보자.', '오늘 1줄만 써보자.'라고 선택했다. 그러니 자리에 앉아서 노트북을 켜는 행위가 크게 부담되지 않았다. 어느 날은 정말 10분 동안 한 줄만 쓰고 부담 없이 노트북을 닫았다. 그러니 다음날도 쉽게 자리에 앉아 글을 쓸 수 있었다. 그러다 보면 10분 동안 꼼짝 않고 글만 썼다. 그러자 10분이 30분이 되고, 1시간이 되고, 4시간이 되면서 몇 장씩 원고를 쓸 수 있었다. 이런 시간이 모여 한 권의 책을 완성할 수 있었다.

회사 일로 정말 피곤한 날이면 차라리 일찍 자고 새벽에 일어나 글을 썼다. 새벽에 잠에서 깨었을 때는 여러 개의 자아가 내 안에서 충돌했다.

'어차피 급한 것도 아니니 졸린데 다시 자자.'
'30분만 더 자고 일어나자.'

'차라리 내일 조금 더 쓰자.'

'얼른 일어나!'

이때는 의지력을 불태우기보다는 작은 선택을 했다. 글이고 뭐고 아무 생각 없이 물을 마시러 가는 것이다. 글 쓰러 가는 것보다 물 마시러 가는 것은 더 쉽다. 물을 다 마신 다음에도 아무 생각 없이 PC 앞에 앉았다. 이때도 대단한 것을 한다는 생각을 버리고, 편하게 몇 줄 쓴다 생각하고 글을 썼다. 그러다 보면 해가 뜨고 있었고, 더 쓰고 싶은 욕구를 참으며 출근해야 했다.

그렇게 쓴 글을 블로그에 올려 방문자들의 반응을 살폈다. 나에게 블로그는 일종의 R&D 공간이었다. 블로그 방문자들의 반응이 좋으면 작은 성취감을 맛볼 수 있었다. 그런 글이 모여 포털 사이트 메인에 정기적으로 노출이 되었고, 블로그 방문자는 폭발적으로 늘어났다. 블로그가 나에게는 일종의 보상 공간인 셈이었다.

'책 한 권 다 써야지.'라고 생각하고 글을 썼으면 그 방대한 양을 쓰지 못했을 것이다. 단지 대단한 '결심'보다 작은 '선택'의 조각이 모였을 뿐이었다.

지금 사람들은 결심 중독에 걸려 있다. 결심이 무서운 이유는 결심과 실패를 끝없이 반복하기 때문이다. 누군가는 말한다. 자신에게 끊임없이 동기를 부여하고, 미루는 습관에서 벗어나고, 열정을 불사르라고 한다. 도대체 이것이 과연 가능한 일인가? 성공한 많은 사람들을 보면 모두 이런 식으로 노력해서 결실을 맺은 것처럼 보인다. 그들은 진짜 특별한 사람으로 보인다. 그런데 이것을 알아야 한다. 그들도 나와 같은 평범한 사람들이다.

　성공한 사람들도 자주 미루기를 좋아하고 게을러진다. 『연금술사』로 유명한 파울로 코엘료는 책을 쓰기 전에 우선 미루기 시작한다. 이메일을 확인하고, 자신이 놓친 뉴스를 읽는다. 그러다 어느 순간 자신에게 부끄럽지 않기 위해 '30분만 집중해서 글을 쓰자.'라고 선택한다. 그리고 정말 그렇게 한다. 결국 그런 30분이 10시간 연속이 된다. 큰 성공을 거둔 사람들은 생각보다 뛰어난 사람들이 아니다. 단지 그들은 평범한 선택을 반복했을 뿐이다.

　결심은 쉽지만, 지속은 어렵다. 결심은 너무 무겁다. 결심이 실패하면 후회, 자책감, 두려움이 쌓인다. 그러나 매 순간 선택하는 것은 가

법고 쉽다. 부담되지 않는다. 선택이 잘못되더라도 부정적인 감정이 브레이크를 걸지 않는다. 책 한 권을 쓰겠다는 결심은 너무 큰 부담이 된다. 그러나 당장 책상에 앉는 선택을 하는 것은 쉽다. '한 줄 써보자.'라고 생각하는 것도 그리 부담되지 않는다. 몸에 힘을 빼고, 가볍고 작은 선택이야말로 조금씩의 결과를 만들 수 있다.

배우자 또는 연인과 대화 많이 하기, 자녀에게 화내지 않기, 회사 일 빨리 추진하기, 매일 독서하기 등 목표로 하는 일들은 많다. 목표에 가까이 다가가기 위해서는 우선 작게 선택해보자. 선택할 수 있다는 것은 자신이 인생을 통제할 수 있다는 뜻이다. 동시에 충동과 욕망에 저항하는 것이 아니라 흘려보낼 수 있게 만든다. 선택은 당신의 삶을 더 가볍고 쉽게 만들어준다. 당신은 더 나은 사람이 될 수 있다. 누구나 더 나은 삶을 살 자격이 있다. 매 순간의 선택은 당신의 삶을 원하는 곳에 데려다줄 것이다. 선택하고 또 선택하라.

# 08

## 지금의 조건에서 크게 성공하라

> 두 가지 이상의 강점을 결합하여 키워나간다면
> 당신의 '평범함'을 '탁월함'으로 바꿀 수 있다.

사람들은 왜 성공하지 못할까? 그들은 온갖 핑계를 늘어놓는다. 돈, 기술, 시간, 인맥 등이 부족해서 성공하지 못했다고 말한다. 그런 조건들만 충족되면 충분히 분명히 성공할 수 있다고 생각한다. 하지만 이런 이유로 자신이 성공하지 못한 것이 아니다.

정작 부족했던 것은 의식이다. 의식이 부족해서 성공하지 못한 것이다. 의식의 힘은 여러 가지가 있지만, 그중의 하나는 내가 현재 가지고 있는 것을 볼 수 있는 시각이다.

"현재 내가 가지고 있는 것은 무엇일까?"

이런 물음을 나에게 던졌다. 저자의 경우 아이들과 노는 것을 좋아한다. 어릴 적부터 아이들과 노는 것을 좋아했다. 동네 아이들은 항상 우리 집에 오고 싶어 했다. 지금도 동네 놀이터에 가면 주변 아이들과 친구처럼 놀곤 한다. 그래서 지금은 자녀 세 명을 두고 있다. 그리고 2005년부터 지금까지 직장 생활을 유지하고 있다. 누군가에게는 길고, 누군가에게는 짧은 직장 생활이다. 또한 결혼 생활은 2012년부터 시작했다. 그리고 혼자 상상하고 생각하기를 좋아한다. 가끔 멍하게 있을 때가 있는데 나도 모르게 생각이 꼬리에 꼬리를 물고 이어진다.

여기까지가 내가 가지고 있던 카드였다. 세상에 자녀가 있는 부모는 많다. 그중에 일부는 아이들과 노는 것을 좋아하는 부모도 있을 것이다. 회사에 다니는 직장인도 많다. 어떻게 보면 평범한 카드다. 그렇지만 주목할 점이 있다. 아이와 잘 놀면서 직장을 다니는 아빠는 많지 않다는 것이다. 그래서 이 두 가지 카드를 결합했다. 여기에 글 쓰는 경험을 보태니 놀랍게도 이 세상에서 찾기 힘든 작가가 되었다. 회사 일로 바쁘지만, 아이와 놀았던 경험을 바탕으로 직장인 아빠의 육아법에 대한 글을 쓴 것이다. 이것으로 나만의 새로운 가치와 시장을 만들어냈다. 아빠 육아 분야에 대한 책을 2권 출간하면서 이전보다 육아에 대해 더 많은 공부와 경험을 하게 되었다.

성공하기 위해서 거창하고 특별한 기술이 필요한 것이 아니다. 자신의 전공과 조금은 다른 분야, 세상 사람들보다 조금 더 잘할 수 있는 것이라면 무엇이든 좋다. 세상은 희소성에 가치를 두고 보상을 해주기 때문이다. 상위 1%가 되기는 힘들다. 특정 분야에서 극소수의 사람이 최고가 되기 때문이다. 빌보드차트 1위를 기록하는 가수, 매 시즌마다 좋은 성적을 거둬 MVP에 선정되는 선수, 베스트셀러 작가 등 상위 1%는 진입장벽이 높다. 하지만 내가 가지고 있는 지금의 조건으로 새로운 분야의 상위 1%가 되기는 훨씬 쉽다.

미국에서 유명한 만화 '딜버트(Dilbert)'의 작가인 스콧 애덤스(Scott Adam)가 있다. 2018년도 수능시험에 그의 일화가 지문으로 나올 정도로 우리나라에서도 유명하다. 만화 주인공인 딜버트는 아이큐 170의 천재지만 소심하고 착한 성격 때문에 회사에서 바보 취급을 받는 캐릭터이다. 작가 스콧 애덤스는 딜버트 만화를 통해 직장인의 일생을 재미있게 표현했다. 그 덕분에 많은 직장인으로부터 공감을 받아 점점 알려지게 되었다.

작가 스콧 애덤스는 한때 낮은 임금을 받는 공장의 직원이었다. 그러나 그는 57개 나라, 2,000개가 넘는 신문에 19개 언어로 연재되는 만화가가 되었다. 평범한 공장 직원이었던 그가 어떻게 세계적으로 성공한 만화가가 되었을까? 그는 자신이 가지고 있는 카드를 적극적으로 활용했다.

그는 유명한 화가 정도의 실력은 아니었지만, 그럭저럭 그림을 잘 그렸다. 어렸을 때부터 노트에 그림 그리는 것을 좋아했다. 그는 엄청 웃기지는 않았지만, 그만의 조용한 유머 감각이 있었다. 그림을 그럭저럭 그리면서 유머 감각이 있는 사람은 세상에 드물다. 이 두 가지의 조합으로 그는 평범하지 않고, 희소성 있는 만화 작가가 될 수 있었다. 그가 성공할 수 있었던 이유는 한 분야에 대단한 노력을 기울여서가 아니다. 자신이 무엇을 가지고 있는지 의식적으로 분석했고, 그것을 결합해서 최대한 활용했기 때문에 성공할 수 있었다.

지금 나는 이 순간에도 내가 가진 조건을 분석하고 사랑, 육아, 일,

성장에 대한 글을 쓰고 있다. 결혼 생활 동안의 경험을 바탕으로 현실적인 사랑 이야기를 글로 썼다. 다자녀 아빠에 대한 경험으로 아빠 육아 기술을 전하고 있다. 직장 생활 경험으로 직장 생활에 대한 노하우를 이야기했다. 상상하고 생각하기를 좋아하는 나만의 개성으로 성장에 대한 메시지를 전하고 있다. 지금 내가 가지고 있는 조건을 극대화해서 결합한 것이 바로 이 책이다.

내가 가지고 있는 조건이 겉으로 보기에는 평범하고, 보잘것없어 보일 수 있다. 그렇지만 나만의 작은 조각들을 결합해보면 새로운 가치를 만들어낼 수 있다. 아직 당신이 원하는 것을 가지지 못했다면 "돈이 없어.", "시간이 없어."라는 말은 이제 그만두자. 그 대신에 내가 무엇을 가지고 있는지 의식적으로 살펴봐야 한다.

나도 했으니 다른 사람도 할 수 있다는 말은 아니다. 단지 나만의 색깔과 방식대로 내가 가지고 있는 조건을 결합했을 뿐이다. 그러니 이 책을 읽는 독자는 자신만의 조건을 결합할 수 있다는 것이다. 내가 제시한 방법이 자신과 맞지 않는다면 무시해버려라. 하지만 자신만의 방법은 분명히 존재한다. 나에게 맞는 운동화를 신고 뛰어야 한다. 남의 운동화를 신고 달리면 분명히 넘어진다.

조금은 극단적이지만 지금 눈앞에 위협적인 적이 나타났다고 생각해보자. 지금 당장 무엇을 하겠는가? 싸움 실력을 키우기 위해 훈련을 하겠는가? 적의 심리를 분석하기 위해 심리학 대학원에 들어가 공부를 하겠는가? 도망가기 위해 운동화를 구매하겠는가? 도움을 받기 위해 휴대폰을 꺼내 들 것인가? 훈련하고 공부할 시간이 없다. 지금 당장 내 손에 든 무기가 무엇인지 찾고, 이를 적극적으로 활용해야 한다. 그렇지 않으면 금방 적에게 당하고 말 것이다.

성공한 사람들도 결점이 굉장히 많다. 일반인과 크게 다르지 않다. 그들도 허점투성이다. 그렇지만 평범했던 그들도 단지 두 개 이상의 강점을 극대화했을 뿐이다. 지금 자신이 느끼기에 사랑에 미숙한가? 육아가 어려운가? 회사 일이 고통의 연속인가? 내 인생은 실패의 연속인 것 같은가? 그렇다면 내가 지금 무엇을 잘하는지 찾아볼 시점이다. 그리고 그것을 최대한 활용해야 한다.

남들이 하니까 쫓아가는 것이 아니라 내가 가지고 있는 지금의 조건에 집중해보자. 두 가지 이상의 강점을 결합하여 키워나간다면 당신의 '평범함'을 '탁월함'으로 바꿀 수 있다. 필요한 무기는 이미 당신 손에 들고 있다. 세상에서 유일하고 가장 강력한 무기를 가지고 있다는 사실을 당신만 모르고 있을 뿐이다. 자신에 대한 믿음과 매 순간의 선택으로 이제 행동할 시간이다.

# Chapter 2 : 사랑

부부가
_____

행복해야
_____

삶이 행복하다
_____

# 01

## 왜 연애, 결혼을 해도 외로울까?

> 진정한 사랑이란 내 마음을 가득 채워줄 타인을 만나는 것이 아니라,
> 나의 사랑을 나눌 타인을 만나는 것이다.

서로 다른 시간과 장소에서 자라난 남녀가 사랑에 빠지는 과정은 참으로 놀랍다. 수많은 대화를 하고 함께 여러 가지 경험을 하며 마음을 나눈다. 이제야 진정한 사랑을 찾은 것 같고, 세상이 아름답게 보인다. 핑크빛 세상이 펼쳐지는 것이다. 서로 보고만 있어도 즐겁고 행복해진다. 사랑을 알게 된 연인끼리 이런 말을 주고받는다.

"당신은 나의 반쪽이야, 나를 완전하게 해줄 수 있는 사람."

자신의 삶과 함께하니 자신이 완전해진 것 같은 느낌이 든다. 이런 말은 참 로맨틱하게 들린다. 실제로 영화, 드라마, 책, 라디오 등 대중매체에서 로맨틱한 상황을 연출할 때 '당신은 나의 반쪽', '나의 잃어버린 반쪽'이라는 말이 나온다.

하지만 이러한 생각은 상대방에게 자기 자신의 모습보다 내가 상상한 모습, 내가 원하는 존재가 되라는 극심한 압박을 주게 된다. 상대방은 내 기대에 실망을 주기 싫다. 그래서 한동안 내가 원하는 모습이 되어준다. 평소 자신의 본래 모습이 아닌 내가 원하는 말과 행동을 보여준다. 때로는 연기에 가까운 행동을 보여주기도 한다.

어느 정도 기간이 지나면 상대방은 내가 바라는 모습을 할 수 없게 된다. 내가 원하는 말, 행동, 역할을 더 이상 해낼 수 없게 되는 것이다. 이것은 물이 위에서 아래로 떨어지듯이 자연스러운 현상이다. 시간이 지날수록 나를 만나느라 그동안 소홀했던 자기 자신을 돌아본다. 마침내 상대방은 진짜 자신의 모습을 내세우기 시작한다. 본래 자신의 색깔을 찾아가는 것이다. 상대방이 예상치 못한 모습을 보이는 시점에 대부분 이런 말을 주고받는다.

"당신 나에 대한 사랑이 식었어. 진짜 변했다."

관계에 금이 가고 원망과 분노가 쌓여간다. 더 짜증나고, 불만스럽고, 무기력해진다. 이제는 내 마음을 채워주던 상대방이 오히려 마음에 상처를 준다. 차라리 혼자이었을 때보다 못한 상황이 되는 것이다. '1 + 1 = 2'이 되는 것이 아니라 둘이 모여 1보다도 못하게 된다. 이렇게 두 사람은 상대방을 통해 자신을 채우려고 했지만, 오히려 자신을 잃고 말았다.

관계마다 시점이 다르지만, 연애 중간일 수도 있고, 결혼 후 이런 현상이 나타나곤 한다. 그래서 연애, 결혼을 해도 외로움이 쌓인다. 지금 함께하는 상대방에게서 연애 초기에 느꼈던 느낌을 받을 수 없다. 나의 진정한 사랑이 아닌 것 같다. 이런 이유로 만남과 헤어짐을 반복한다. 이 세상에 어딘가에 있을 나의 반쪽을 찾아 헤맨다. 결혼한 관계라면 이별을 통보하거나, 자녀 때문에 참고 살기도 한다.

이 같은 상실이야말로 남녀 관계에서 생기는 괴로움의 주요 원인이다. 위에 두 커플은 자신의 반쪽을 채우기 위해 함께 짝을 이루었지만, 오히려 더 못하다는 사실만 깨닫게 되었다. 자신의 본래 모습을 포기했기 때문이다. 사람들이 사랑하는 방식이 바로 이런 것이다. 남에 대한 사랑을 통해 자신의 사랑을 채우려는 오류를 범하고 있는 것이다. 그런 과정에서 상대방의 본래 모습이 아닌 내가 원하는 모습을 강요한다. 물론 자신들이 그렇게 한다는 것을 깨닫지 못한다.

사람들은 외로움에서 벗어나고, 마음속의 공허함을 채우기 위해서, 사랑할 대상이 필요하거나 사랑받고 싶어서 이성을 찾는다. 또는 자신의 이기심을 충족시키고, 성생활을 위해서, 권태로운 일상에서 벗어나기 위해서 이성을 만난다. 하지만 이런 이유로 사람을 만나려 한다면 오히려 원하는 것을 얻지 못할 것이다. 일시적으로 원하는 것을 얻는다고 해도 오래가지 못한다. 상대방에게 '무엇을 줄 수 있을까?'라는 것보다 '무엇을 받을 수 있을까?'라는 시각으로 접근하기 때문이다.

지금까지 우리는 친구, 연인, 부모와 자식, 상사와 부하, 스승과 제자 등 다양한 관계에서 상대방에게 집중하라고 배워왔다. 상대방이 무엇을 원하는지, 무슨 생각을 하는지, 기분은 어떤지 등에 초점을 맞추는 것이다. 상대방 말을 경청해야 하고, 집중해야 한다고 배웠다.

물론 상대에게 집중하는 것은 중요하다. 인간관계를 형성하기 위해서 반드시 필요한 일이다. 하지만 그보다 더 우선해야 할 것은 따로 있다. 그것은 바로 자기 자신에게 집중하는 것이다.

자기 자신을 사랑할 수 없는 사람은 남도 사랑할 수 없다. 자신을 먼저 존중하고 소중히 여기고 사랑해라. 스스로 행복하지 않은 사람은 다른 사람도 행복하게 해줄 수 없다. 자신이 먼저 행복해야 한다. 다른 사람을 가치 있게 여기려면, 먼저 자신을 가치 있게 여겨야 한다. 다른 사람을 축복받은 존재로 여기려면, 먼저 자신을 축복받은 존재로 여겨야 한다. 아이의 버릇을 고치고 싶다면 부모 자신의 버릇 먼저 고쳐야 하고, 세상을 바꾸고 싶다면 자신부터 변해야 한다. 내 마음속에 분노, 질투, 두려움, 상실감 등이 가득 채워져 있으면 그대로 다른 사람에게 쏟아내기 때문이다.

진정한 사랑이란 내 마음을 가득 채워줄 타인을 만나는 것이 아니라, 나의 사랑을 나눌 타인을 만나는 것이다. 역설적이게도 사랑을 가장 잘하는 사람은 자기중심적인 사람이다. 사랑의 우선순위는 타인이 아닌 나 자신이다. 나의 온전하고 풍족한 사랑, 행복, 축복에 집중하고, 커진 사랑을 타인과 나누어야 하는 것이다.

이성과 만나 연애를 하고 결혼을 해도 외로운가? 그렇다면 상대방을 원망하거나 미워하지 말고 나 자신에게 집중해라. 마음이 공허하다면 다른 사람을 통해 채우려 하지 말자. 다른 사람이 채워줄 수도 없는 일이다. 내 마음의 공허함은 스스로 채워야 한다.

대부분 다른 사람의 말은 경청하고 주의 깊게 들으려고 노력한다. 사실 이것 또한 못 할 때가 많다. 그런데 왜 내 마음의 소리는 듣지 않는가? '내가 진정으로 원하는 것은 무엇일까?', '무엇을 할 때 행복한가?'를 스스로 질문하고 답을 얻어라. 그리고 행동하라. 내 마음의 소리에 집중하고 그에 따라 행동할 때 마음의 외로움과 공허함은 더 이상 문제가 되지 않을 것이다. 그리고 채워진 내 마음을 타인과 나눠라. 우리는 사랑하고 또 사랑받으면서 더 큰 사랑을 키워나가기 때문이다. 그러면 '1 + 1 = 1'이 아닌 '1 + 1 = 100' 이상이 될 것이다.

# 02

## 대화를 할수록 속이 터지는 진정한 이유

❝

싸움을 자주 하는 연인이나 부부일수록

자신과 상대방에 대한 '감정의 이해'가 필요하다.

❞

남편은 퇴근해서 지친 몸을 이끌고 집에 도착한다. 아내가 남편의

빈손을 보고 따지듯 묻는다.

"아침에 부탁한 우유는 사 왔어?"

"아… 깜빡했다. 미안해."

"내가 내일 가서 사 와야겠네. 안 그래도 애들 보느라 정신없는데!"

"깜빡할 수도 있지, 나한테 왜 그래?"

"깜빡한 적이 한두 번이야? 왜 내 말은 항상 무시하는데?"

"미안하다고 했잖아. 왜 항상 날 못 잡아먹어서 안달이야?"

배우자 또는 연인과 비슷한 대화를 나눈 적이 있는가? 위와 비슷한 패턴의 대화가 의외로 많다. 여자는 빈번히 자신의 말을 잊어버리고 귀담아듣지 않는 남자에게 짜증이 나 있는 상태이다. 남자가 미안하다고 사과했지만, 자신을 무시한다는 느낌을 받고 더 쏘아붙였다. 남자는 집에 돌아오자마자 자신에게 비난을 쏟아내는 아내가 야속할 뿐이다.

사람은 비난을 받게 되면 죄책감, 수치심이 들고 점점 견디기 힘들어진다. 그래서 상대방의 비난으로부터 자신을 지켜내기 위해 반격을 한다. 내가 죄책감과 수치심을 느끼지 않으려고 상대방에게 더 큰 죄책감과 수치심을 느끼게 하는 것이다.

"당신은 항상 이런 식이지. 성격이 왜 그 모양이야?"

상대방을 원래 이상한 사람이라고 자책하게 만드는 것이다. 잘못한 사람은 내가 아닌 상대방이라는 상황을 만들어 자신을 향한 비난을 회피한다. 그러면 나는 더 이상 죄책감을 느끼지 않아도 된다. 아내는

가뜩이나 감정이 고조되어 있는 상태에서 화살이 자신에게 돌아오니 어이가 없다. 이때부터 본격적인 싸움이 시작된다. 서로에게 상처만 주고 승자와 패자는 없다. 그리고 이런 대화의 끝은 항상 좋게 끝나는 법이 없다.

세 아이를 키우고 있는 저자의 집은 기저귀가 8년 동안 마를 날이 없었다. 육아를 경험해본 부부는 알겠지만, 초창기에 가장 힘든 점은 한밤중에 울어대는 아기다. 아내는 졸린 눈을 비비며 우는 아이를 돌본다. 기저귀를 갈아주고 배를 채워준 후 아기를 안고 트림을 시킨다. 새근새근 잠이 든 것 같으면 깨지 않도록 조심조심 눕혀준다. 그런데 등 센서에 민감한 아기는 눕자마자 불안해하며 다시 울어댄다.

아내는 종일 아이를 돌보느라 지칠 대로 지친 상태다. 아기 재우는 일에 빈번히 실패한 아내는 갑자기 짜증이 난다. 그리고 이 상황 속에서도 '쿨쿨' 자는 남편이 원망스러워진다. 당장이라도 가서 발로 차며 깨우고 싶어진다. 지금 자신의 고통을 그대로 느끼게 해주고 싶기 때문이다.

육아는 인생에서 힘든 일이다. 출산의 기쁨과 함께 몰려오는 것은 현실적인 것들이다. 수시로 무엇인가를 요구하는 아기 때문에 정신이 없다. 아내는 편안한 식사, 외출, 수면 등 기본적인 것들을 누릴 수 없게 된다. 특히 수면 부족은 사람의 정신을 피폐하게 만든다. 이쯤 되면 아기가 미울 때도 있다. 그런데 엄마 입장에서 아기를 미워하는 감정을 받아들이기 힘들다. 아기가 미워지면 죄책감이 몰려온다. 그래서 아내는 아기 대신 남편을 원망하게 된다. 남편이 육아에 너무 소홀해서 내가 이렇게 힘들고 짜증난다고 생각하는 것이다. '아이를 봐달라고 하면 바라보고만(See) 있지 말고 돌봐(Care)줬으면…', '쓰레기라도 잘 버려줬으면…' 등 답답하고 속상한 마음에 남편에게 짜증을 낸다.

지금의 감정을 그 사람에게는 풀 수 없으니 다른 사람에게 돌리는 것, 일종의 화풀이다. '불똥 튀었다'는 말로 표현하기도 한다. 심리학 용어로는 '전치'라고 한다. 남편 입장에서는 아빠가 되어 기쁘지만 앞으로 돈에 대한 걱정, 가장에 대한 책임감으로 어깨가 무겁다. 자신도 피곤하고 아빠 역할에 대해 익숙하지 않다.

아내의 불만을 받아줄 때도 있지만 마음에 차곡차곡 응어리가 쌓인다. 결국 회사에서 화가 폭발한다. 동료에게 짜증을 내고 작은 문제라도 생기면 민감하게 반응한다. 또 다른 곳에서 불똥이 튀는 것이다. 화풀이 대상이 된 직장 동료는 다른 부서 또는 협력사 직원들에게 자신도 모르게 화풀이를 한다. 이때부터 본격적인 폭탄 돌리기가 시작된다. 한 가정의 문제가 기업, 사회의 문제로 퍼져나가는 것이다.

이렇게 우유 때문에 싸우고, 아이 때문에 싸운 부부는 지쳐만 간다. 그래서 현실에서 도피하기 위한 탈출구를 찾는다. 새로운 공간과 환경에 가거나, 물질적인 것으로부터 보상을 받으려 한다. '이번 여행만 다녀오면 기분 전환하며 상대방 기분도 풀릴 거야.', '선물을 해주면 사이가 좋아지겠지.', '수익이 많이 생기면 괜찮아질 거야.' 등 다른 무언가로 현재 문제를 해결할 수 있다고 생각하는 것이다.

단기간에는 잠시 해결할 수 있을 것이다. 여행을 다녀오고, 선물을 주고받고, 수익이 조금 더 늘어나면 관계가 좋아질 수 있다. 하지만 이전과 비슷한 환경에 반복적으로 노출된다면 현실은 그대로일 것이다. 여전히 잘못을 상대방에게 돌리고, 화풀이하는 부부만 남아 있을 뿐이다. 그 어떤 것도 본질적인 문제를 해결해주지 못한다. 오히려 사랑하는 사람에게 상처만 주고 거리만 멀어질 뿐이다. 특별한 이벤트를 10번 하는 것보다 차라리 평소에 상대방이 싫어하는 행동을 안 하는 것이 더 효과적이다.

우리는 관찰자가 되어야 한다. '나는 지금 왜 화가 나는가?', '나는 주로 어떤 방어기제를 사용하는가?'를 살펴봐야 한다. 이번에 화를 낸 것은 내 잘못을 감추려고 그런 것은 아닌지, 화낼 사람은 따로 있는데 배우자에게 괜한 화풀이를 한 것은 아닌지 관찰해보자. 나 자신에 대한 감정과 행동부터 이해하는 것이 우선이다.

자신에 대한 이해와 더불어 상대방을 관찰해보자. '왜 나에게 화를 내는가?', '배우자는 주로 어떤 감정을 드러내는가?'를 항상 염두에 두어라. 나에게 왜 그런 모진 말을 하는지, 이 사람은 어떤 상황을 견디지 못하고 어떤 감정을 불편해하는지, 마음에도 없는 말을 한 것은 아닌지 그 뒤에 숨겨진 감정을 관찰해야 한다. 정작 중요한 감정은 숨어 있기 때문이다.

사랑하는 사이일수록 제일 큰 상처를 주는 경우를 종종 보게 된다. 그것은 많은 시간을 함께 보냈고 서로의 약한 부분을 잘 알기 때문이다. 싸움을 자주 하는 연인이나 부부일수록 자신과 상대방에 대한 '감정의 이해'가 필요하다. 대화할수록 속이 터지지 않고 상처 주지 않기 위해서라도 한 걸음 물러서서 관찰해보자. 관찰 과정에서 불편하기도 하고 고통스러울 때도 있을 것이다. 하지만 그것을 잘 견뎌낸다면 자신과 상대방을 더 이해할 수 있는 첫 단추를 끼운 셈이다.

## 03

# 따지는 여자, 피하는 남자

> 66
> 나와 '다른 점'을 '틀린 점'으로 취급하는 순간
> 서로에게 상처만 남는다.
> 99

"왕자와 공주는 결혼해서 오래오래 행복하게 살았습니다. 끝."

아이들 동화책을 읽어주다 보면 대부분 이런 식으로 끝이 난다. 남자와 여자가 만나 많은 오해와 시련을 겪은 후, 서로의 마음을 확인하고 결혼에 성공하는 것이다. 책을 덮고 아이들을 재우면서 문득 이런 생각이 들었다. '결혼 후 이야기는 왜 없지? 사실 결혼 생활 이야기가 진짜인데…' 대중매체에서도 마찬가지다. 남녀의 팽팽한 긴장 구조와 아슬아슬한 줄타기로 마음을 애태우다 서로의 사랑을 확인하는 이야기가 주를 이룬다. 동화, 드라마, 영화, 소설 등 대부분 결혼이 해피엔딩으로 끝나지만, 현실 세계에서는 그것이 끝이 아니다. 결혼한 사람이라면 모두 알고 있을 것이다. 결혼 뒤의 이야기가 진짜 시작이라는 것을 말이다.

현실은 이렇다. 왕자와 공주는 결혼 후 부모님으로부터 독립을 했다. 생계를 위한 직장 생활로 너무 바쁜 나머지 서로에게 소홀해진다. 공과금, 대출 이자, 관리비 등 지출되는 돈 때문에 쪼들리며 신경이 날카로워진다. 아이 몇을 낳아 키우지만 수시로 무엇인가를 요구하는 아이들 때문에 정신이 없다.

공주는 아이들 식사 준비를 하고, 먹이고, 치우고, 욕실과 집 청소를 하고, 계절이 지난 옷을 정리하고, 소아과에 다녀오고, 아이들 씻기고, 간식을 먹이다 보면 하루가 끝난다. 주말에는 왕자에게 도움을 요청하지만, 성에 차지 않는다. 자신도 모르게 잔소리가 많아진다. 왕자는 회사에 다녀오면 에너지가 바닥이다. 공주의 잔소리에 불만과 억울함이 쌓여간다. 집은 편히 쉬는 곳이 아닌 전쟁터라는 느낌이 든다. 공주와의 마찰을 줄이기 위해 점점 대화가 줄어든다. 공주는 따지고,

왕자는 피한다. 서로에 대한 불타오르던 감정은 식은 지 오래이다. 돈과 육아 문제로 싸우는 횟수가 점차 늘어난다. 외줄 타기처럼 결혼 생활을 아슬아슬하게 유지해나간다.

우리는 사랑을 시작하는 과정에 대해서는 관심이 많다. 둘이 어떻게 만났고, 누가 먼저 고백을 했는지 등 결혼 전까지의 낭만적 연애 스토리에 열광한다. 풋풋하고 애틋한 사랑의 과정을 다시 한 번 꿈꾸기도 한다. 그래서인지 지인 중 누군가 좋아하는 사람이 생겼다고 하면 너도나도 연애 박사가 되어 코칭을 해준다.

이렇듯 우리는 완벽한 사랑의 시작 과정에 집중한다. 하지만 그 사랑을 어떻게 유지하는가에 대해서는 무모할 정도로 아는 것이 없다. 이성을 가진 인간임에도 결혼 후 완전히 바보 같은 일로 심하게 다투곤 한다. 치약을 짤 때는 어디서부터 짜야 하는지, 양말을 세탁기에 뒤집거나 바로 해서 넣는 것 중 어떤 것이 맞는 것인지, 가구 배치의 효율성과 멋 중 어떤 것을 선택할지 등 사소한 일에 목숨을 건다.

남녀는 지금까지 그 누구에게도 이렇게 사소한 일로 심하게 다퉜다는 이야기를 듣지 못했다. 남들은 잘사는 것 같은데 우리 부부만 비정상적으로 보인다. 그동안 몰랐던 자신과 상대방의 생소한 모습을 발견하고, 실망하며, 다툼을 이어간다. 그렇게 다투다가도 시간이 지나면 싸움의 원인은 기억나지 않는다. 그 사소한 원인은 나중에 별것 아닌 것이 되고, 단지 서로의 마음에 상처만 남는다.

남녀 간의 갈등 원인은 무수히 많겠지만 대부분 몇 가지 원인에서 시작된다.

첫째, 자신은 충분히 노력하고 있는데 상대방은 그것을 알아주지 않는다고 생각한다. 여자는 육아와 집안일로 최선을 다하고 있는데 집에서 놀고 있다고 생각하는 남자의 태도에 불만이 쌓인다. 남자는 회사에서 온갖 스트레스를 받으며 돈을 벌어오는데 더 이상 뭘 더 하라는 것인지 억울하다. 사실 남녀는 서로 같은 생각을 하고 있다. 둘 다 자신은 충분히 노력하고 있고, 서로에게 인정받지 못하고 있음을 느끼고 있다.

누가 더 힘든지 논쟁할 필요는 없다. 너도 힘들고 나도 힘드니 힘을 합쳐 잘 해보자는 서로의 응원이 필요하다. 그러니 서로의 노고를 인정하고 격려해야 한다. "오늘 하루 고생 많았어.", "힘들었지?", "나 같으면 엄두도 안 났을 거야. 대단하다.” 등 수시로 말하고 문자를 보내 보자.

둘째, 상대방이 자신을 무시한다고 생각한다. 권위적인 태도로 부탁이 아닌 명령조로 말하는 상대방이 불쾌하기만 하다. “방 좀 치워.”, “그것 좀 가지고 와.”, “그 생각은 틀렸어.” 등 상하 관계인 것처럼 내 행동과 생각을 통제하려 한다. 그래서 나를 대하는 태도가 존중보다는 무시한다는 느낌에 더 분노하게 된다.

앞에서 우유 때문에 싸운 부부를 기억하는가? 비난과 명령조의 대화 방식은 방어와 공격을 반복할 뿐이다. 그 누구에게도 도움이 되지 못한다. “지금 당신 힘이 필요한데 시간 돼?”, “그렇게 생각할 수도 있네.”라고 말을 바꿔보자. 한결 관계가 부드러워질 것이다.

셋째, 배려를 권리로 여긴다. 열심히 노력했는데 고마워하기보다는 당연한 것으로 받아들인다. 맛있는 요리를 하고, 집을 깨끗이 정리하고, 쓰레기를 버리고, 회사에서 정시에 퇴근해서 집안일을 돌보고, 아이들을 데리고 나가 놀고 오는 등 남녀는 가정에 충실했다. 그런데 배우자는 고마워하기는커녕 당연한 것으로 받아들인다. '왜 그동안 이렇게 못 했어?', '더 잘해.' 등 더 많은 것을 요구한다. 배려를 권리로 생각하는 상대방이 야속하다. 이렇게 반복되는 갈등과 분노는 둘 사이를 지치게 만든다.

세상에 당연한 것은 없다. 작은 것이라 하더라도 상대방의 배려에 감사하고 표현해라. 요리가 잘 익었다면 알맞게 잘 익었다고 말해줘라. 음식이 입에서 잘 씹힌다면 부드러워서 먹기 좋다고 말해라. 쌀밥이 먹을 만하다면 물의 양을 잘 맞춘 것 같다고 말해라. 집이 깨끗하다면 쾌적해서 좋다고 말해라. 회사에서 정시에 퇴근했다면 당신이 일찍 와서 든든하다고 말해라. 배우자가 아이들과 잘 놀았다면 다른 일을 할 수 있는 시간을 벌어줘서 고맙다고 말해라. 마지막으로 당신이 나와 함께해줘서 행복하며 고맙다고 알려줘라.

동화나 영화에 나오는 사랑은 완벽함을 추구한다. 영혼의 반쪽, 나를 완벽하게 이해한다는 느낌이다. 어떤 사람을 만날지가 중요하며, 나에게 꼭 맞는 사람이 있을 것이라 기대하기 때문이다. 그러나 현실에서 나와 100% 잘 맞는 사람은 존재하지 않는다. 배우자나 연인이 나와 잘 맞지 않기 때문에 후회하고, 이별하고, 다투며 살아간다.

이러한 나의 반쪽을 추구하는 것이야말로 '지속적인 사랑'을 방해한다. 우리가 만나야 하는 사람은 나와 100% 잘 맞는 사람이 아니다. 최고의 배우자는 서로의 다름을 인정하고, 그 차이를 자유롭게 이야기할 수 있는 사람이다. 그런 배우자를 만나기 위해서는 내가 그런 사람이 되어야 한다. 지금 사랑하는 사람이 있다면 상대방이 틀리다는 생각이 드는 순간이라도 나와의 차이만을 인정해라. 상대방을 바꾸려하지 말자. 나와 '다른 점'을 '틀린 점'으로 취급하는 순간 서로에게 상처만 남는다. 왜 나와 다른지 따지고 비난하며 피하는 행동은 이제 그만두자.

사소한 일상 속에서 서로의 차이를 받아들이고, 맞춰나가는 남녀야말로 지속적인 사랑이 가능하다. 결혼 자체가 해피엔딩이 아니라, 그 후의 사소한 일상이 더 중요하기 때문이다. 따라서 모든 러브스토리의 이상적이면서 현실적인 결말은 아래와 같다.

"왕자와 공주는 결혼해서 서로의 다름을 인정하고, 사랑을 받기보다는 베풀며, 더 성숙해지고 지혜로워지며, 사소한 일상을 함께하며 행복하게 살고 있습니다. 계속…."

# 사랑도 세련되게 할 수 있다

> 사소한 일을 무시하고 피하기만 한다면 그런 문제가 반복되었을 때
> 더 이상 사소한 일로 끝나지 않는다.

"어떤 배우자를 원하십니까?"

램프의 지니가 당신에게 이렇게 물어본다면 무슨 대답을 하겠는가? 외모? 성격? 돈? 유머? 사람마다 다르겠지만 어떤 조건이든 대부분 자신을 행복하게 해줄 사람을 찾을 것이다. 그런데 과연 함께하면 영원히 행복해질 수 있는 사람을 만날 수 있는가? 모두가 그런 배우자를 만났다면 그 많은 갈등과 치솟는 이혼율은 어떻게 설명할 수 있을까?

사랑은 받는 것과 주는 것 2가지로 나뉜다. 우리가 처음 경험하는

사랑은 부모의 헌신적인 사랑을 받으면서 시작한다. 수만 번의 입맞 춤과 포옹, 끈기, 인내, 헌신을 바탕으로 성장한다.

　모든 부모가 그런 것은 아니지만 부모도 완벽한 사람은 아니기에 각 자 나름대로의 미숙함을 지니고 있다. 부모의 감정 조절 미숙, 불안정 한 정서, 부부간의 갈등으로 자녀에게도 결핍이 생긴다. 버림받을 것 이라는 두려움, 사랑받지 못할 것이라는 불안감, 부모님의 갈등이 모 두 나 때문이라는 죄책감 등으로 정서적 결핍이 생기는 것이다. 그런 생활이 반복되면서 마음속으로는 부정하고 싶지만, 결핍이 패턴화되 어 점차 익숙해진다.

　이런 환경에서 자란 아이는 성인이 된 후 이성이 너무 상냥하거나 좋은 사람이면 오히려 거부 반응을 일으킨다. 바르고 올바른 사람이 낯설고, 보잘것없는 자신에게 과분하게 느껴진다. 내 속을 태우며 애 간장을 녹이는 사람에게 끌리는 것은 단지 그런 상황과 관계에 익숙하 기 때문이다. 그 사람과 함께하는 삶이 더 행복할 것이라고 자신에게 거짓말을 한다. 그러니 힘든 사랑을 하기 싫다면 지금 자신의 결핍이 무엇인지 먼저 찾아야 한다. 나의 반쪽을 찾으려 할수록 자신과 비슷 한 결핍을 가진 사람만 만나게 되기 때문이다.

어린 시절 사랑받는 것이 원활하지 못하면 결핍이 발생해 문제가 생긴다. 그런데 사랑받는 것보다 더 중요한 것은 사랑을 베푸는 것이다. 사랑을 베푸는 것은 더 성숙한 사랑이다. 어릴 때는 내가 아무리 투정을 부리고 속을 썩여도 부모님은 나를 지지하고 사랑해준다. 그런데 대부분 사랑받는 것은 익숙하지만 베푸는 것은 미숙하다. 이성을 만나도 부모처럼 자신에게 헌신적인 사랑을 쏟길 원한다. 배우자를 자신의 부모님과 비교하고 왜 그처럼 헌신적인 사랑을 자신에게 주지 않는지 불평을 한다. 말하지 않아도 내 마음을 읽어주고, 나를 위해 희생하고, 부족한 자신을 이해해주길 바란다.

부모님은 내가 아무리 상처 주는 말을 해도 아무렇지도 않은 듯 다시 나를 챙겨준다. 생선을 먹으면 제일 맛있는 부분을 밥 위에 올려주고, 뼈에 붙은 살 몇 점은 본인이 발라 드신다. 사과를 깎으면 예쁘게 깎아 자녀에게 주고, 본인은 사과씨 부분에 붙은 약간의 살만 취한다. 그래서 일부 자녀들은 본인 부모님은 생선 뼈에 붙은 작은 살이나 사과 뼈대 부분을 좋아한다는 착각을 하기도 한다.

이렇게 지속적이고 헌신적인 사랑을 줄 수 있는 사람은 자신의 부모님밖에 없다. 그러니 배우자를 자신의 어머니와 아버지처럼 헌신적인 사랑을 줄 거라는 기대를 버려라. 배우자에게 헌신적인 사랑을 기대했다간 실망만 커진다. 그 대신 내가 더 많은 사랑을 배우자에게 베풀어라. 그러면 언젠가는 나에게 몇 배로 되돌려받을 것이다.

결혼하고 세 아이를 키우면서 많은 일이 있었다. 결혼 초기에는 사소한 다툼도 있었다. 처음에는 그런 사소한 다툼 자체를 부정했다. 왜 이런 다툼을 해야 하는지 이해할 수 없었다. 쓸데없는 일로 에너지를 소비하고 감정만 상하는 다툼은 피하고 싶었다. 하지만 그런 사소한 문제들이 지속적인 사랑을 위해 얼마나 중요한지 지금은 안다.

젖은 수건은 세탁기에 넣기 전에 널어두기, 양말은 뒤집지 말기, 가스레인지 사용 후 깨끗이 닦아놓기, 상대방이 느낀 감정은 판단하지 말고 존중해주기, 내 의도와 상대방이 받아들이는 것이 다를 수 있다는 것 인정하기, 내 의견은 전달하되 받아들이는 것은 상대방에게 맡기기, 작은 일이라도 고생했다고 보듬기, "당신은 항상~"이라는 말하지 않기 등 행동, 대화, 생각 등 사소한 것들을 아내와 조율해왔다.

많은 갈등과 해결 과정에서 서로의 사랑이 조금 더 단단해지고 성숙해졌다. 연애 때보다 지금의 아내를 더 이해하고 사랑하게 되었다. 이것이 가능했던 이유는 사소한 문제를 피하지 않고 대면했기 때문이다. 사소한 일을 과소평가하지 말아야 한다. 시간과 노력을 투자해 서로 의견을 나눠야 한다. 가끔 한심한 싸움을 하는 자기 자신에 회의가 들 수 있다. 하지만 사소한 일을 무시하고 피하기만 한다면 그런 문제가 반복되었을 때 더 이상 사소한 일로 끝나지 않는다. 몇 배나 더 큰 문제로 우리에게 다가오기 때문이다. 사소한 갈등은 몇 번 하고 끝나지 않는다. 노인이 될 때까지 끊임없이 노력해야 한다.

사소한 문제를 다룰 때 언성이 높아지고 화가 날 수도 있다. 그러면서 의도하지 않게 상대방에게 상처를 주기도 한다.


"양말은 제발 뒤집지 말아줄래?"

"어휴, 설거지가 이게 뭐야? 내가 다시 해야겠네."

"냉장고가 이게 뭐야? 좀 버리면 안 돼?"

"누워만 있으면 지겹지도 않아?"


비난의 대화가 시작되면 자연스럽게 방어와 공격 프로그램이 뇌에서 자동으로 실행되어버린다. 이런 상황을 피하기 위해서는 상처 주지 않으면서 세련되고 우아하게 표현해야 한다. 그것은 바로 '나 전달법'이다. 말의 중심을 상대방이 아닌 내가 발견한 사실이나 느낌으로 시작하는 것이다.

"양말이 뒤집혀 있으면 빨래할 때 한꺼번에 정리해야 하니 힘드네."
"설거지한 그릇에 기름이 남아 있는 걸 발견했어."
"냉장고에 오래된 음식이 보이네. 뭘 버려야 할까?"
"지금 내가 정리할 게 있는데, 이리 좀 와줄래?"

상대방의 문제를 들춰내는 것이 아니다. 내가 발견한 사실에 대해서 전달하는 방법은 서로 기분 상할 일이 없다. 오히려 기분 좋게 협력하고, 자신의 실수를 깨닫고, 상대라 남자라면 '남편'이 아닌 '내 편'이 될 수 있게 만든다. 대화의 목적이 싸움을 거는 것이 아닌 서로 응원하고 협력하고 사랑하기 위해서라면 필요한 기술이다. 조금만 신경 써서 세련되게 표현하도록 노력해보자. 자신의 결핍을 인정하고, 배우자를 부모와 동일시하지 않으며 표현 방식을 조금만 바꾼다면 성숙한 관계를 유지할 수 있을 것이다.

## 05

# 서로의 감정에 집중하면 문제는 해결된다

66

상대방이 행복해하는
자신만의 방식에 간섭하지 말자.

99

사랑의 정의를 내릴 수 있을까? 사랑이란 도대체 무엇인가? 도대체 무엇이길래 우리를 기쁨과 행복으로 가득 차게 만들고, 때로는 슬픔과 좌절로 빠져들게 하는 것인가? 다양한 해석이 있을 수 있겠지만 이것은 마치 취하는 것과 유사하다. 술에 취했을 때와 비슷한 점이 많다. 심장이 두근거리고, 설레는 마음이 이어진다. 평소보다 용기가 생기며 그 느낌이 계속 지속될 것 같다. 안타깝게도 술은 언젠가는 깨게되어 있다.

사랑도 언젠가는 식는다. 심장이 두근거리는 것이 멎고, 권태기가 찾아온다. 콩깍지가 벗겨지고 그동안 모든 면이 좋아 보였던 점이 단점으로 나타난다. 다툼이 많아지고 서로에게 실망만 쌓여간다.

그렇다면 영원한 사랑이라는 것은 없는 걸까? 사람마다 다르겠지만 사랑과 권태기는 반복된다. 길을 걷다 보면 할아버지와 할머니가 손을 잡고 걷는 모습을 보면 참 다정해 보인다. 이렇듯 나이 들어서도 사랑을 지속시킬 수 있다. 사랑은 다양한 형태로 존재한다. 열정적인 사랑만이 있는 것이 아니라 조용하고 차분한 사랑도 있다는 것을 알아야 한다. 여기서 주의할 점은 사랑에 빠지는 순간보다 권태기가 왔을 때가 더 중요하다는 것이다. 연인 또는 부부가 평소보다 싸움이 잦아지고 권태기가 왔다는 생각이 들면 사랑을 지속할 수 있는 절호의 기회로 봐야 한다.

앞에서 언급한 대로 사소한 일상을 무시하지 말고 함께 조율해나가야 한다. 그런데 쉬운 일은 아니다. 그래서 남녀 관계에서 확실하게 지켜야 할 몇 가지 원칙에 대해 설명해보겠다. 혼자 읽지 말고 사랑하는 사람과 같이 읽으며 의견을 나눠보라. 아래는 부부 사이의 대화를 예시로 나열했다.

"컵을 썼으면 갖다 놔야지. 왜 항상 여기에다 놔?"

"조금 뒤에 가져다 놓으려고 했어. 그리고 무슨 항상이야? 몇 번밖에 안 그랬는데."

"무슨! 내가 여러 번 봤는데. 리모컨이랑 간식 먹은 것도 여기저기 두고 말이야."

"당신은 뭐 잘한 것 있는 줄 알아? 깜빡하고 물건 여기저기 흘리고 다니잖아. 누굴 닮아서 그래?"

"아이고. 내가 이 말은 안 하려고 그랬는데. 당신 안 씻고 돌아다니는 것 정말 싫어."

"당신 냉장고나 좀 정리해. 음식물 쓰레기통인지 구분이 안 가."

"뭐라고? 내 음식이 그렇게 맛이 없었어?"

"지금 그 이야기를 하는 것이 아니잖아. 냉장고 청소 좀 하라고."

첫째, 다투면서 대화할 때는 현재의 문제점만을 이야기해야 한다. 대부분의 남녀 관계에서 다루는 실수 중의 하나가 이것이다. 컵에 대해서 다툼이 났다면 컵만 이야기해라. 상대방이 어제 했던 실수나 예전의 섭섭했던 이야기를 죄다 꺼내어 보면 일만 커진다. 상황을 악화시키지 않으려면 지금의 문제에만 집중하고 조율해야 한다.

둘째, 금지어를 정해서 그 말은 삼가라. "항상"이라는 말이 제일 무서운 말이다. 과거에도 문제가 있었고 지금도 그렇다는 뜻이다. 현재뿐만 아니라 상대방의 과거까지 통째로 부정하는 것으로 지금을 말하고 있는 논점에서 벗어난 단어이다. "이 말은 안 하려고 했는데." 정말 안 하려고 했으면 계속하지 마라. 영원히 하지 마라. 해도 좋을 것이 없다. 그래도 말해야 한다는 생각이 들면 나중에 서로 기분이 차분해져 있을 때 해라. 성격, 집안, 능력 등 바꿀 수 없는 부분도 서로 건드리지 말자는 합의가 있어야 한다.

셋째, 상대방이 기분 나쁘게 들었다면 내가 그렇게 말한 것이다. 텔레파시가 통해서 말을 하지 않아도 나의 의도와 느낌을 그대로 전달할 수 있다면 얼마나 좋을까? 하지만 인간에게는 언어의 한계가 있다. 따라서 내가 의도하거나 생각한 대로 상대방이 100% 받아들이지 않는 경우가 많다. 위 대화에서 냉장고가 지저분하다는 것이 본래 의도였으나, 상대방은 자신의 음식에 대한 비난으로 받아들였다. 이런 경우 내 의도는 그것이 아니었다고 하고, 상대방은 기분이 나빴다며 줄다리기를 시작한다. 의도가 어찌 되었든 상대방이 오해를 했다면 그런 오해를 불러일으킨 내 잘못이다. 그러니 아래와 같이 사과는 확실하게 하고 넘어가는 것이 좋다. 자신의 잘못을 인정하고 사과하는 것이야말로 용기 있는 행동이다.

"그런 뜻으로 말한 것은 아닌데 기분 나빴다면 미안해. 사과할게."

넷째, 절대 서로 비난하지 않는다. 위 대화에서는 서로의 잘못을 누가 더 잘 찾아내는지 경쟁을 하는 듯 보인다. 우리에게 프로그램된 방어기제로 인해 공격을 당하면 방어하고 반격을 한다. 방어와 공격을 번갈아 하다 보면 누가 서로의 민감한 부분을 잘 건드리는지 경쟁하듯 공격한다. 오랜 시간 함께해온 남녀 관계라면 어떤 부분이 약한지 잘 알기 때문에 상처 주기도 쉽다. 연애와 결혼의 가장 큰 실패 원인은 비난이다. 아무 의미 없고 마음만 아프게 한다. 그러니 절대 나의 기준으로 비난하지 않도록 조심해야 한다.

다섯째, 잔소리는 가정을 파괴한다. 상대방에게 무언가를 요구할 때 무조건 '네가 잘못됐다.'는 식의 잔소리는 좋지 않다. 이런 행동은 오히려 반감만 키우고 요구한 것을 얻지 못할 것이다. 부부 싸움의 지름길이다. 일일이 잘못을 지적하고 단점에만 집중한다면 부부 사이를 서서히 갈라놓을 것이다. 잔소리는 결혼 생활의 무덤이기 때문이다.

여섯째, 아이 앞에서 절대로 싸우지 않는다. 그러면 안 된다는 것을 알면서도 감정이 격해지면 아이는 신경 쓰지 않게 된다. 아이들은 부모가 싸우는 것을 보면 자신의 잘못으로 생각하고 죄책감을 느낀다. 부모의 불화가 지속되면 아이의 우울증과 각종 장애로 이어질 수 있으므로 주의해야 한다. 혹시 아이 앞에서 싸우더라도 정신이 돌아온 후에는 아이를 꼭 다독여줘라.

"엄마 아빠가 사랑하지만, 생각이 다를 때가 있어. 너 때문이 아니니까 너무 걱정하지 마. 안 싸우도록 노력할게. 미안해."

일곱째, 배우자를 바꾸려 하지 마라. 나 자신도 바꾸기 힘들다. 아무리 굳은 각오를 하고 변화를 추구해도 쉽지 않은데, 타인을 바꾸게 한다는 것은 더 어려운 일이다. 상대방이 행복해하는 나름대로의 방식에 간섭하지 말자. 그것이 폭력적이거나 비상식적인 것이 아니라면 있는 그대로 둬라. 그 대신 배우자의 협력자이자 조언자로 남아 있어라. 그것이 현명한 방법이다.

위에서 언급한 내용 중 실천이 잘 안 되는 부분이 있으면 종이에 적어라. 그리고 냉장고나 현관 등 잘 보이는 곳에 붙여둬라. 지나갈 때마다 소리 내어 읽고 마음을 다잡으면 도움이 될 것이다. 사랑은 존중을 기반으로 한다. 서로 존중하고 배려하는 노력은 저절로 만들어지는 것이 아니다. 서로의 감정과 행동에 집중하면서 사소한 것들을 해결하는 과정이야말로 지속적인 사랑을 가능케 한다. 행복하길 원한다면 서로의 감정을 소홀히 하지 마라.

# 06

# 사랑이 넘치는 관계를 위한 애착 대화법

> 66
>
> 나 같아도 당신처럼 했을 거야.
>
> 99

우리는 매일 말을 한다. 집에서도 회사에서도 심지어 혼자 있는 시간에도 통화하며 말을 한다. 사소한 안부를 묻는 말부터 중요한 계약을 하는 회의까지 다양한 형태의 말을 하며 살아간다. 말을 통해 자기자신을 잘 표현하고, 말 잘하는 사람이 인정받는다고 배웠다. 그래서스피치 학원이 생기고, 말 잘할 수 있는 책들이 쏟아진다. 그런데 정작 말 잘하는 사람과 대화를 할 때 어떠한가? 자신의 이야기를 유창하게 잘하는 사람과 대화하면 과연 즐거울까? 물론 둘 다 관심 있는 분야로 서로 원활하게 대화를 한다면 문제없을 것이다. 하지만 일방적으로 말을 듣는 사람 입장에서는 전혀 즐겁지 않다.

　나는 말을 잘하는 편이 아니다. 처음 보는 사람이라면 무슨 말을 해야 할지 답답했다. 여러 명이 대화하는 자리에서는 언제 대화에 끼어들지 타이밍을 잡지 못해 저절로 조용한 사람이 되었다. 특히 나라는 사람은 아내와 대화를 할 때 참 답답한 존재였다. 아내가 이전에 말했던 정보를 자주 잊어버리곤 했다. 특히 숫자가 잘 기억나지 않아 날짜, 생일, 금액 등은 자주 들어도 생소하게 느껴졌다. 그런 나에게 아내는 왜 대화에 집중하지 않는지 궁금해했다. 가만히 나 자신을 관찰해보니 몇 가지 문제가 있었다.

　첫째, 대화 도중 딴생각을 많이 했다. 아내가 말하고 있을 때 '왜 그런 생각을 할까?', '나도 비슷한 일이 있었지.', '나는 다르게 생각하는데.', '뭘 원하는 걸까?' 등을 생각하며 나만의 세계에 빠져드는 것이었다. 생각이 꼬리에 꼬리를 물고 사방으로 뻗어나갔다. 한번 뻗어나간 생각은 주체할 수 없을 정도로 커졌다. 그러다 보면 아내의 말에 집중하지 못하고 나중에 자꾸 딴소리를 하게 되었다. 그래서 대화를 할 때는 머릿속에 이런저런 생각이 떠오르더라도 과감하게 흘려보내도록 노력했다. 아내의 말을 머릿속에 이미지로 그려보고 맞장구를 쳐주며 듣다 보면 생각의 흐트러짐을 조금은 막을 수 있었다.

둘째, 대화할 때 내가 말할 시점을 계속 노리고 있었다. 아내가 말을 할 때 그와 비슷한 사건이나 내 생각을 말하고 싶었다. 그래서 어느 시점에 치고 들어가 내 이야기를 들려줄지 타이밍만 노리고 있었던 것이다. 문제는 그 타이밍을 잘 잡을 수가 없었다. 너무 이른 타이밍에 치고 들어가 아내 이야기의 맥을 끊거나, 너무 늦게 들어가 딴소리하는 꼴이 되어버렸다. 이처럼 내가 말하고 싶어 하는 욕구는 바로 주인공이 되고 싶기 때문이다. 대화의 주제가 바로 '나'이길 바랐던 것이다.

주인공이 되고 싶어 하는 욕구는 누구나 가지고 있다. 사람마다 정도의 차이만 있을 뿐이다. 이것도 심하면 병이다. '주인공 병'이 심한 사람은 주변에서 쉽게 찾아볼 수 있다. 누구나 주변에 떠오르는 얼굴이 있을 것이다. 물어보지도 않았는데 장황하게 설명하거나, YES/NO에 대해서만 물어봤는데 처음부터 끝까지 가르치려는 사람들도 종종 볼 수 있다. 그러면 상대방은 언제 이 대화를 끊어야 할지 상황만 엿보고 있을 것이다.

이런 사람들은 주로 통제하려는 욕구가 강하다. 동시에 인정받고 싶어 한다. '내 이야기를 많이 말하고 싶다.', '모두 내 통제하에 두고 싶다.', '관심받고 싶다.', '내가 너보다 더 잘났다는 것을 보여주고 싶다.'라고 무의식에 자리 잡고 있다. 이런 사람일수록 대화하면 지루하고 재미없고 결국에는 피하게 된다. 자신이 무엇을 잘못했는지 알지 못한 채 주변에서 사라져가는 사람들의 뒷모습만 보게 될 것이다.

그러니 대화에서 내가 주인공이 되려 하는 것을 의식적으로 주의해야 한다. 대화의 주인공은 상대방에게 양보해라. 그렇다고 듣기만 하라는 것은 아니다. 7:3 법칙을 사용해라. 상대방 이야기를 70% 정도 듣고 내 이야기는 30%만 해라. 그러면 상대방은 5:5 정도로 느낄 것이다. 내가 말하고 싶은 욕구(주인공의 욕구)도 해소하면서 상대방을 주인공으로 만들어주면 둘 다 만족할 수 있을 것이다. 가정에서뿐만 아니라 친구끼리, 직장 상사와 동료끼리, 부모와 자식 관계에서도 동일하게 적용할 수 있다.

대화할 때 나의 또 다른 문제점 세 번째는 아내를 설득하고 싶었다. 살다 보면 서로의 생각이 다른 경우가 종종 발생했다. 그때마다 내 의견, 주장과 다른 생각을 하는 아내를 납득시키고 싶었던 것이다. 그러나 경험해보니 내가 생각하는 것만큼 상대방은 내 의견에 크게 관심이 없었다. 내가 지금 몰입해 있는 그 주제와 의견은 상대방에게는 흘러가는 물과 비슷하기 때문이다. 나 또한 상대방이 주장하는 의견에 큰 관심이 없을 때도 많다.

그래서 아내가 나와 생각이 다르더라도 내 주장을 강하게 말하지 않게 되었다. 단지 생각이 다르다는 것만 인정하고 넘어가면 그만이다. 하지만 내 생각을 말하고 싶은 욕구는 내면에서 꿈틀대곤 했다. 말하고 싶은 욕구의 분출구는 바로 블로그와 책이다. 여기서는 내 생각에 토를 다는 사람도 없고 문장이 틀렸다고 비난하는 이도 없다. 무한히 뻗어나갈 수 있는 나만의 공간에서 자유를 느끼고 글을 쓰면서 생각을 분출할 수 있었다. 그러면 그 글로 인해 다른 누군가에게는 도움이 되고, 그들을 변화시킬 수 있는 계기가 되었다. 아내와 다툴 일도 없고, 사회적으로는 도움이 되는 일석이조인 셈이다.

아버지의 간경화로 집안이 발칵 뒤집힌 적이 있다. 사실 몇 년 전에 아버지는 간암 수술을 해서 잘 회복을 했었다. 그런데 간경화로 이어지면서 더 이상 치료가 불가능했다. 병원에서는 이제 3개월밖에 남지 않았으니 주변을 정리하라고 했다. 이대로 포기할 수는 없어 다른 병원에 찾아가보니 간 이식을 받으면 회복될 수 있다고 했다.

삼 형제 중에 막내인 나는 제일 건강했다. 워낙 시간이 촉박하고 빨리 간 이식 수술 날짜를 잡아야 했기에 마음이 조급했다. 수술에 대한 막연한 두려움과 동시에 아내와 아이들이 걱정되었다. 회사에도 중요한 프로젝트가 진행 중이었는데 수술로 인한 공백으로 업무에 차질이 생길까 신경이 쓰였다. 마음을 다잡고 간 기증을 결심해도 커다란 문제가 있었다. 아내에게 수술해야겠다는 말을 선뜻할 수가 없었다. 결혼하고 나면 내 몸이 나만의 것이 아니기 때문이다. 그래도 용기를 내어 아내에게 조심스럽게 말을 했다. 아내의 반응은 예상외로 침착했다.

"우리 엄마가 그런 상황이었으면 나 같아도 내가 수술한다고 했을 거야."

이 말 한마디에 결혼을 참 잘했다는 생각을 했다. 아내의 용감한 지지로 인해 내 간의 70%를 잘라 아버지에게 이식했다. 수술 결과는 성공이었다. 수술 후 후유증으로 인해 한동안 아프다는 말로 표현할 수 없는 고통과 불면증에 시달려야 했다. 사람이 24시간 연속으로 아프지 않다는 것만으로도 행복한 것임을 그때 깨달았다. 지금은 아버지와 나 모두 건강히 잘 지내고 있다. 그 당시에는 몰랐지만 지금 생각해보면 아내의 그 말 한마디는 마법 같은 말이었다. 내 감정과 관점에 공감해주고 따뜻한 위로를 주었던 것이다. '나 같아도 당신처럼 했을 거야.' 이 말을 항상 명심해보자. 상대방의 마음을 한 방에 녹이고, 조용하지만 묵직한 힘이 있는 말이다.

좋은 대화는 집중력과 인내가 필요하다. 다른 생각이 대화에 침투하지 못하게 정신을 차려야 하고, 인내심 있게 상대방을 주인공으로 만들어야 한다. 그런데 그것보다 더 중요한 것은 진심이다. 내가 당신을 이해하고 도움을 주고 싶다는 진정성 있는 마음 말이다. 다양한 대화의 기술이 있지만 그런 기술을 압도하는 것은 따뜻한 진심이다. 나를 진심으로 위로해주고 달래주는 사람이라면 내 모든 것을 줄 수 있을 만큼 믿음과 존중이 자라날 것이다.

# 07

## 표현하고, 들어주고, 감사해라

> 66
>
> 사소한 대화를 '쓸데없는 대화'라고 생각하겠지만
> 사실 '쓸데 있는 대화'다.
>
> 99

　퇴근하고 집에 오면 아내는 하루 동안 일어난 일에 대해 이야기를 쏟아낸다. 아이들이 사고 친 일이나 기특했던 일, 동네 이야기, 친구의 결혼 소식, 몸의 아픈 부분, 집에 필요한 물건 등등 들어보면 하루 동안 정말 많은 일이 있었다. 아내와 대화 도중 아이들이 끼어들어 자주 중단되지만, 착실히 아내의 이야기를 듣는 편이다.

　사실 아내는 종일 아이들만 상대해야 하는 입장이라 말이 통하는 남편이 오니 반가웠을 것이다. 중간중간 나와 생각이 조금 다른 경우도 있다. 지적하거나 해결하려는 욕구는 잠시 접고, 단지 차이점만 인정하고 넘어간다. 입은 막고 귀는 열어놓는 것이다.

매일 만나는데 무슨 할 말이 있겠냐고 생각할 수 있지만 가까울수록 할 말은 많다. 오늘의 손톱 길이, 피부의 미세한 변화, 그날의 컨디션, 아이들 먹을거리, 재활용 쓰레기 버리기, 뉴스, 책, 가구 배치, 아이들 진로 등등 몇 날 밤을 새워도 모자랄 정도다. 작고 사소한 이야기라도 서로 나누다 보면 정이 쌓인다. 오히려 오랜만에 만난 사이일수록 할 이야기가 적다. 그동안 서로의 간격이 많이 벌어져 있기 때문이다.

인간관계에서 가장 흔히 볼 수 있는 실수가 있다. '말하지 않아도 다 알겠지.'라고 생각하는 것이다. 특히 한국 사회에서 이런 경우가 많다. "내 마음 알지?"라는 말이 대표적이다. 말은 안 하면 모른다. 아주 단순하다. 특히 "사랑한다."라는 말은 입에 달고 살아야 한다. 연인, 부부, 자녀에게는 매일 해야 하는 말이다.

"아빠! 아빠!"

"응? 왜? 무슨 일 있어?"

"사랑해."

"응. 아빠도 사랑해."

사랑한다는 말을 달고 살아서 그런지 세 아이들도 나와 아내에게 자주 표현을 한다. '지난주에 사랑한다고 했으니 오늘은 안 해도 알겠지.'라고 생각하며 표현하지 않는다면 어떻게 될까? 점점 더 표현하기 어려울 것이다. 의식적으로 사랑하는 사람들에게 표현해라. 사랑한다는 표현뿐만 아니라 지금의 감정, 생각, 느낌 등을 계속 주고받아라.

직장 생활을 하다 보면 집에 가기 싫어하는 사람들을 종종 보게 된다. 집에 조금이라도 더 늦게 가려 하고 밖을 맴돈다. 가정을 이루고 자녀가 있는 사람들도 집에 가기를 꺼린다. 집이 불편한 것이다. 자신이 선택해서 결혼을 하고 아이를 낳고 키우는데 왜 집이 불편할까? 어디서부터 잘못된 것일까? 그것은 바로 사랑하는 사람과 사소한 시간을 충분히 경험하지 못했기 때문이다. 평소 사소한 대화, 사소한 경험, 사소한 여가 시간 등을 함께 할수록 관계는 깊어진다. 사소한 대화를 '쓸데없는 대화'라고 생각하겠지만 사실 '쓸데있는 대화'다.

집은 지친 몸과 마음의 긴장을 풀고 사랑하는 사람들과 함께하는 공간이다. 하루 동안 일어났던 이야기들을 빨리 가서 서로에게 들려주고 싶은 곳이어야 한다. 그날 만난 사람들, 그들과 주고받은 대화, 기분 좋았거나 난처했던 일들, 새로 알게 된 정보 등 사소한 일을 나누는 장소이다. 나의 세계를 공유하고 가족의 세계를 받아들임으로써 하나의 공통된 세계를 만들어가는 것이 집이기 때문이다.

우리는 평소 바라는 것이 많다. "돈을 많이 벌고 싶어.", "건강해지고 싶어.", "배우자와 관계가 좋아지고 싶어." 등. 특히 연인이나 배우자에게 바라는 것은 우리 생활과 밀접해 있다.

"우리 집 남편은 조금 더 나를 도와줬으면 좋겠어."
"아내가 나를 무시하지 않았으면 좋겠어."

이렇게 상대방이 변하기를 바란다. 생각해보자. 상대방이 왜 변하기를 바라는가? 예를 들어 남편의 변화를 바라는 이유는 무엇인가? 육아나 가사를 감당하기 힘들어서? 물론 힘든 부분도 있을 것이다. 하지만 그것은 표면적인 것이다. 감춰져 있는 내면으로 좀 더 들어가보자.

"상대에게 소중한 사람이 되고 싶다. 나를 존중해주고 사랑해주면 좋겠어."

이것이 속마음 아닐까? 남편이 존중해주고 충분한 사랑을 주면 전부는 아니지만 자연스럽게 일부 해소되는 부분이 있다. 사랑받는다는 것은 소중한 사람으로 여겨지는 것이기 때문이다. 하지만 연인이나 배우자에게 바라는 것을 간절히 원할수록 나에게서 멀어질 것이다. 상대는 변하지 않기 때문이다. 대신에 지금 그 사람의 현재 모습에 감사하면 나머지 모든 것을 얻을 수 있다. 우리가 해야 할 것은 따로 있다. 상대방에게 내가 원하는 것을 열심히 강요하는 것 대신 '감사'하는 것이다.

사람과 사람 사이에는 보이지 않은 '관계의 파이프'가 있다. 사람마다 다르지만, 파이프가 막혀 있는 경우도 있고, 깨끗하게 뚫려 있는 경우도 있다. 감사 표현은 관계의 파이프 안의 부정적인 감정을 긍정적인 감정으로 바꾸어주는 힘이 있다. 감사는 부정적인 감정을 중화시키고 서로에게 연결되어 있는 파이프를 깨끗하게 해준다. 깨끗해진 파이프를 통해 서로 잘 연결됨을 느낄 수 있다.

'관계의 파이프'가 잘 연결되어 있다는 것은 소통이 원활하다는 것이다. 우리 몸은 피가 잘 통해야 건강해지는 것처럼 혈관에 해당하는 것이 '관계의 파이프'이다. 감사는 혈관(관계의 파이프)을 깨끗하게 해주고, 피(긍정적인 감정)를 잘 통하게 해준다.(소통)

사랑하는 사람에게 항상 감사함을 표현하라. 작은 것이라도 상관없다. "운전해줘서 고마워.", "마트 다녀와줘서 고마워.", "빨래해줘서 고마워.", "잘 웃어줘서 고마워.", "옆에 있어줘서 고마워", "잘 먹어줘서 고마워." 등 감사할 것은 수도 없이 많다.

이별하는 커플을 예로 들어보자. 그들은 오랜 시간 동안 서로에게 부정적인 말을 반복한다. 그러면 자연스럽게 파이프가 손상된다. 파이프는 좁아지고 서로 지쳐가기만 할 뿐이다. 하지만 아무리 손상된 파이프라 할지라도 완전히 막히진 않는다. 가느다란 실의 두께 정도라도 연결은 되어 있다. 그러니 서로의 관계 개선이 도저히 불가능해 보일지라도 희망은 있다.

관계의 파이프가 꽉 막혀 있는 상태에서 아무리 긍정적인 말을 사용해도 상대방에게 도달하기까지 시간이 걸리고 그 양도 줄어든다. 좁아진 파이프에서 상대방의 긍정적인 말도 듣기 힘들다. 그러므로 그동안 해왔던 부정적인 말보다 더 많이 "고마워."를 외쳐야 한다. 혼자 있을 때도 상대방을 생각하면서 "고맙습니다"를 말하고, 상황이 여의치 않을 때는 마음속에라도 외쳐보자. 상대방과 함께할 때는 사소한 것이라도 감사함을 표현해라. 표현도 습관이다. 내가 감사할수록 감사할 일이 많아지고, 원활한 소통을 통해 사랑은 더없이 커질 것이다.

# 08

# 진정한 관계는 서로의 꿈과 가치를 공유한다

> 66
>
> 혼자 꿈을 꾸는 것보다 함께하는 것이
> 에너지와 지속 시간에서 유리해진다.
>
> 99

어릴 적부터 막연하게 꿈꿔 오던 것이 있었다. 그것은 내 이름으로 된 책을 출간하는 것이었다. 주제도 내용도 정해지지 않았다. 단지 책을 출간하는 상상을 하면 가슴이 뛰었고 재미있을 거란 생각만 들었다. 책 출간에 대한 꿈은 가슴속에 간직한 채 현실을 살아왔다. 대학교에 다니고, 군대를 다녀오고, 취직하고, 결혼하고, 아이를 낳아 키웠다. 바쁜 삶을 살다 보니 어느덧 내 꿈도 서서히 기억 속에서 희미해져갔다.

그러던 어느 날 아내와 어린 시절에 대한 대화를 나눴다. 어린 시절의 에피소드나 하고 싶었던 일에 대해 공유를 했다. 그러면서 잊혔던 내 어릴 적 꿈이 생각났다. 책 출간에 대한 것이었다. 며칠 동안 책 쓰는 생각이 머릿속을 떠나지 않았다. 그래서 책은 어떻게 쓰고, 무슨 주제로 쓸지 전문가를 찾아 조언을 구하고 방향을 잡았다. 아내에게는 책을 쓰고 싶다고 말을 꺼냈다. 처음에는 비웃을 것 같아 조심스러웠는데 예상외로 지지해주고 응원해주었다.

아이들이 잠든 밤에 조용히 방을 나와 글을 썼다. 낮에는 일하고, 밤에 글을 쓰는 생활을 이어나갔다. 처음에는 잘 써지지 않았지만, 아내의 응원 덕분에 착실히 분량을 채워나갔다. 글 쓴 내용 일부를 블로그를 통해 공개하면서 사람들의 반응을 살피기도 했다. 반응은 폭발적이었고, 글 쓰는 일에 더 탄력을 받게 되었다. 주변 사람들에게는 글쓰는 것에 대해 알리지 않으려 했다. 하지만 블로그를 통해 사람들에게 알려지면서 감출 수 없는 상황이 되었다. 평범한 직장인이 책을 출간하겠다고 하니 주변에서는 모두 회의적이었다.

"내 친척이 책을 썼는데 몇 권 팔리고 망했어요."
"회사 일이 편한가 보네요."

"책은 아무나 쓰나요? 그리고 주제가 뭐라고요? 아빠 육아? 남자들이 욕해요."

그 누구도 내게 긍정적인 말을 해준 사람이 없었다. 주변의 그런 반응은 일부 예상했다. 내 에너지를 소진시키고 도움도 안 되는 사람들을 '에너지 뱀파이어'라 불렀다. 에너지 뱀파이어들은 내 주변에 항상 도사리고 있었다. 책 쓰는 일에 대해 그렇게 많이 알고, 부정적인 말을 한 사람들 중 본인 이름으로 책을 쓴 사람은 단 한 명도 없었다.

에너지 뱀파이어들의 말은 조용히 흘려보냈다. 그들에게 힘주어 반박하거나, 인정받기 위한 노력을 할 생각은 들지 않았다. 내게는 그것보다 더 중요한 일들이 많이 있었기 때문이다. 그것이 가능했던 이유는 글 쓰는 것에 대한 아내의 응원과 배려 덕분이었다. 아내는 아침이 되면 어젯밤 내가 어느 정도 글을 썼는지 관심 가져주고, 쓴 글을 보며 조언해주었다. 그래서 아무리 피곤해도 오늘은 두 장 썼다는 것을 아내에게 자랑하고 싶어서 더 악착같이 글을 썼다.

그런 과정을 통해 무사히 책을 완성할 수 있었다. 아내와 함께 세 아이를 키우며 터득하게 된 육아 노하우를 담아 『아빠 육아 공부』를 출간했다. 반응이 좋았다. 각종 TV, 라디오에 출연하게 되었고, 신문과 잡지에 소개되었다. 그 뒤로 강연, 인터뷰, 칼럼 연재, 자문단 등 많은 활동을 하게 되었다. 특히 대통령 직속 〈저출산고령사회위원회〉 자문단으로 초청되어 대한민국 정책에 현실적인 의견을 전달할 수 있었다. 생각만 하면 가슴이 뛰고, 하고 싶은 일을 하니 힘든 줄 몰랐다. 더 많은 이야기와 노하우를 전달하고 싶어서 1년 뒤에 『아빠가 쓰는 육아일기』를 세상에 내놓게 되었다. 그 사이 다른 작가들과의 공저를 통해 출간하는 기쁨을 놓치지 않았다.

강연하다 보면 항상 이런 질문을 받는다. 직장 생활하면서 다른 활동을 하는 것이 힘들지 않은지, 그런 폭발적인 에너지는 어디서 나오는지 등 궁금해하는 사람들이 많았다. 여러 가지 이유가 있겠지만 아내의 응원과 지지는 무시할 수 없는 중요한 부분이었다. 아내는 나보다 더 내 꿈을 응원해주고, 책의 가치를 인정해주었다. 에너지 뱀파이어가 가득한 세상에서 아내와 꿈을 공유할수록 열정이 불타올랐다. 그런 과정을 통해 꼭 책을 출간할 수 있으리라는 확신이 생길 수 있었다. 함께 나눈 대화를 통해 긍정적인 사고방식을 가지게 되었고, 기분 좋은 감정은 내 마음에서 완벽한 상승 기류를 탈 수 있었다.

"혼자 꾸는 꿈보다 둘이 꾸는 꿈이 훨씬 크다."

성공철학으로 유명한 나폴레온 힐(Napoleon Hill)의 말이다. 건전지를 하나만 연결하는 것보다 여러 개를 연결하면 더 강하고, 지속 시간은 길어진다. 마찬가지로 혼자 꿈을 꾸는 것보다 함께하는 것이 에너지와 지속 시간에서 유리해진다. 특히 함께하는 이가 사랑하는 사람이라면 그 에너지는 몇 배가 될 것이다. 사랑하는 사람과 함께하는 꿈은 원하는 목표로 가는 가속페달과 같기 때문이다.

주말에 가족들과 차를 몰고 외출을 했다. 항상 가는 도로는 신호가 언제 바뀌고 어떻게 가야 빨리 갈 수 있는지 머릿속에 경로가 그려져 있다. 마침 좌회전을 해야 하는데 앞차가 천천히 갔다. 그 차는 초보 스티커가 붙어 있었고, 출발 시간이 늦어서 마음이 조급한 상태였다. 그러다 신호가 바뀌고 앞차는 아슬아슬하게 좌회전을 해서 가버렸다. 나만 빨간불 신호에 걸려 기다려야 했다. 아내와 함께 우물쭈물했던 앞차에 대해 답답한 마음을 쏟아냈다.

"꼭 급할 때 이런다니까!"

답답한 마음에 불쑥 내뱉었던 말이 부정적인 말, 즉 실패자의 말임을 깨달았다. 그리고 이내 긍정적인 말로 바꿨다.

"앞차 덕분에 천천히 드라이브하겠네."

아내와 함께 부정적인 말 대신 긍정적인 말을 쓰도록 서로 독려했다. 나도 모르게 나온 부정적인 말은 다시 긍정적으로 말할 수 있게 관심을 가져주었다. 이렇듯 에너지를 공유할 때 주의해야 할 사항이 있다. 공유하는 에너지가 "+"인지 "-"인지 잘 관찰해야 한다.

부정적인 사람과 어울리면 부정적으로 변하고, 긍정적인 사람과 어울리면 덩달아 긍정적으로 변한다. 감정은 바이러스처럼 전염되기 때문이다. 해맑게 웃는 사람을 바라보고 있으면 나도 모르게 저절로 얼굴에 미소가 퍼지는 이유는 이와 같다. 배우자가 우울하면 나도 우울해지고, 배우자가 행복하면 나도 행복해진다. 연인이나 부부가 얼굴, 행동, 생각이 닮아가는 것도 어찌 보면 당연한 것이다.

항상 운이 좋은 사람은 세상의 긍정적인 면을 보며 행복의 기운이 넘쳐난다. 꿈과 목표가 있고 항상 감사하는 인생을 산다. 반면 운이 나쁜 사람은 불평불만과 신세 한탄을 하며 다른 사람을 뒤에서 험담하기에 바쁘다. 혹시 지금 사랑하는 사람과 부정적인 에너지를 나누고 있지는 않은가? 그러면 긍정적인 에너지를 나눌 수 있도록 다시 한 번 선택해보자. 지금 당장 미움, 두려움, 불평, 남 탓, 험담을 그만두고, 사랑, 행복, 꿈에 대해서 이야기해보라. 당신과 배우자에게 좋은 운이 따라오고, 인생이 바뀔 것이다.

# Chapter 3 : 육아

우리 아이에게

_____

행복한 미래를

_____

선물하라

_____

# 아이를 바보로 키우는 부모들

> 66
> 자녀들에게 이 세계에서 마음껏 상상하고,
> 행동하며, 경험하라고 말해주라.
> 99

"당신은 어른입니까?"

자신이 어른이라고 하는 부모가 있는가 하면, 아직 어른이 되어가는 과정이라고 대답하는 부모도 있을 것이다. 겉으로 보기에는 어른이 지만 자신이 아직 성숙하지 못하다고 생각하는 부모들이 많다. 지금의 부모들은 결혼하고 아이를 낳아 기르게 되었다. 내 아이에게 삶에 대한 지혜를 주고 싶은데 자신도 아직 그것이 무엇인지 잘 모른다. 그래서 급한 대로 우리 부모 세대로부터 전해 들은 이야기나, 다른 사람의 이야기를 아이에게 말해준다. 그런데 부모 세대로부터 전해 들은 이야기는 자신이 어렸을 때도 별로 듣기 싫거나 달갑지 않은 말이 많았다. 그런데 자신도 모르게 내 아이에게 그대로 전달하는 것이다. 삶에 대해 나도 잘 모르겠으니 다른 사람의 이야기가 맞는 것처럼 보인다. 그런데 그것들이 정말 아이에게 도움이 되는 말일까?

"넌 몰라도 돼.", "엄마 아빠가 하라는 대로 해. 다 너를 위해 그러는 거야.", "그런 쓸데없는 생각은 하지 마.", "넌 다른 생각 하지 말고 공부나 열심히 해." 등 그토록 싫었던 말을 내 아이에게 하고 있지는 않은가?

세상에서 아이를 가장 사랑하는 사람은 부모지만, 그와 동시에 상처를 주는 것도 부모다. 부모가 의도하지 않았지만, 자신도 모르게 상처를 준다. 부모는 아이가 충만함을 느끼는 그 순간 종종 아이를 나무란다. 부모는 아이들이 자유로운 상상을 할 때 그만하도록 다그친다. 그리고 그런 상상의 일부를 무시하라고 유도한다. 부모의 눈으로 아이를 바라보기는 하지만 순수한 마음을 받아들여주지는 않는 것이다.

눈송이를 확대한 사진을 본 적이 있는가? 같은 모양의 눈송이는 단

하나도 없다. 눈송이 하나하나 경이롭고 아름다운 모양을 하고 있다. 아이들도 마찬가지다. 제각기 경이롭고 아름다운 속성을 가지고 태어난다. 아이들은 각각 다른 생각과 행동을 보인다. 세상에 똑같은 아이는 한 명도 없다. 그러나 세상은 서로 다른 아이들을 똑같은 틀 안에 찍어내려 하고 있다.

아이의 웃음을 보면 세상을 다 가진 것 같다. 처음에는 아프지 않고 건강하게 태어나준 것만으로도 감사하다. 누구나 내 아이만큼은 잘 키우고 싶다. 그러나 잘 키워보겠다고 욕심을 낼수록 아이에게 독이 될 수 있다. 그래서 이것만큼은 조심해야 한다는 원칙을 세워야 한다. 아래는 부모들이 저지르는 흔한 실수들이다.

첫째, 아이를 너무 자주 꾸짖는다. 아이가 올바르게 자라주기를 바라는 마음에 잘못된 행동을 바로잡으려고 노력한다. 그런데 이것이 지나치면 잔소리가 되어버린다. 한 번만 주의 주면 된다. 같은 상황에 대해 여러 번 야단을 친다고 해서 아이가 더 잘하는 것이 아니다. 야단 횟수가 늘어날수록 본래 '훈육'에서 멀어지고 아이의 '반감'만 키우게 되기 때문이다. 아이는 단지 자신을 미워해서 계속 야단을 친다고 생각한다. 아이가 어릴수록 길고 장황하게 말하기보다는 짧고 단호하게 말해주는 것이 좋다.

둘째, 아이와 충분히 놀지 않는다. 어떤 부모는 아이들이 노는 것을 못마땅해한다. 차라리 그 시간에 공부하기를 원한다. 그런데 아이들은 놀이가 공부다. 놀이의 중요성을 알고 있는 부모라도 충분히 시간을 내기 어렵다. 부모는 회사 일과 집안일로 온종일 바쁘다. 그러나 바쁜 상황 속에서도 이것은 알아야 한다. 지금 무엇 때문에 바쁜가? 결국 우리 아이 맛있는 것 먹이고, 깨끗한 환경에서 잘 키우기 위해 지금 바쁜 것 아닌가? 그렇다면 강제로 시간을 정해 짧게라도 놀아줘야 한다. 아이가 놀이에 흠뻑 젖도록 놀아야 한다. 너무 재미있어서 신나게 웃고 '깔깔'거리며 정신없이 놀아야 한다. 그것이 진정한 놀이다.

셋째, 아이를 자주 안아주지 않는다. 아이를 자주 안아주면 버릇이 안 좋아진다고 생각하는 부모가 있다. 그러나 오히려 정반대다. 아이를 자주 안아줄수록 정서적 안정감을 느끼고, 떼를 쓸 확률이 줄어든다. 스킨십은 육아에서 무조건 중요하다. 볼에 뽀뽀해주고 안아주고 사랑한다고 말해줘라.

넷째, 일관성 없는 훈육을 지속한다. 어제는 되고 오늘은 안 된다고 한다면 아이는 혼란스럽다. 훈육이란 아이에게 제한선, 즉 규칙을 알려주는 것이다. 아이가 규칙을 알고 스스로 욕구를 조절할 수 있도록 돕는 것이 훈육이다. 매를 들고 엄하게 다스리는 것은 훈육이 아니다. 일관성 있는 부모와 자란 아이는 정서적으로 더 안정된다는 연구 자료도 있다.

다섯째, 자녀 의견을 고려하지 않는다. "너는 어려서 안 돼.", "이건 엄마, 아빠가 더 잘 알아."라고 말한다면 어떨까? 아이는 자신의 의견이 종종 무시당한다고 느끼며 불안하게 자란다. 아무리 어린아이라도 자신의 의도가 있다. 관찰자의 마음으로 아이의 마음을 들여다볼 수 있어야 한다.

어렸을 때 1년에 1번은 크게 아팠다. 심한 몸살에 걸려 아무것도 먹지 못하고, 온몸이 아프고 추웠다. 힘없이 축 늘어져 있으면 어머니는 병원에 가자고 했다. 모든 것이 귀찮아서 병원에 가기 싫다고 떼를 썼지만 거부할 수 없었다. 어머니는 나를 업고 병원에 갔다. 병원에서 진찰을 받고 엄청나게 아픈 주사를 맞았다.

약을 타고 집으로 오는 시장길에 어머니는 바나나 3개를 샀다. 그 당시 바나나는 비싼 과일에 속했다. 어머니는 삼 형제 중 아픈 사람이 생기면 항상 바나나를 사주셨다. 아플 때만 먹는 귀중한 과일이었다. 평소 그토록 먹고 싶었던 바나나였지만 몸이 아프니 별로 먹고 싶은 생각이 없었다. 집에 도착 후 형, 누나, 나 하나씩 바나나를 받았다. 형과 누나는 신나서 먹었지만 난 입맛이 없어 나눠줬다.

내가 부모가 되어 감기에 걸린 아이들을 데리고 병원에 갈 때는 반대의 상황이 되었다. 어릴 때 내가 그랬던 것처럼 아이들은 병원에 안 가려고 했다. 억지로 아이들을 데리고 병원에 갔다. 평소 아내가 병원 데스크에서 접수했지만, 어느 날은 내가 접수를 했다. 보호자를 쓰는 종이에 처음으로 내 이름을 썼다. 느낌이 이상했다. 그동안 '보호받는 사람'에서 '보호하는 사람'으로 위치가 바뀌었기 때문이다. 주민등록증을 처음 받거나, 술을 마실 수 있는 나이가 되었거나, 외박하거나, 첫 월급을 받았을 때보다 보호자에 내 이름을 적었을 때 조금은 더 어른이 된 기분이 들었다.

부모들은 자신이 아직 미숙하고 어른이 될 준비가 안 되어 있다고 생각한다. 그래서 불안해하고 혼란스러워한다. 내 아이에게 자신도 모르게 소리치고 화내면 그러지 말아야겠다고 생각하지만 같은 행동을 반복한다. 그리고 잠들어 있는 아이의 천사 같은 모습을 보며 자신을 반성한다. 부모가 되었다는 것만으로도 이미 어른이다. 불안을 그저 내려놔라.

다들 인간은 완벽하지 않다고 한다. 그러나 반대로 생각할 수는 없을까? 인간은 이미 완벽하고, 그 완벽하다는 사실을 모르기 때문에 불안정하다고 말이다. 성숙한 부모가 되고 싶다면 자신은 이미 완벽한 부모라고 생각해보자. 멋진 부모의 모습이 어떤 것인지 상상하고 그 모습에 맞게 생각하고 말하고 행동해라. 그러면 상상한 모습에 가까워질 것이다. 그리고 내 아이에게 할 일은 너는 이미 완벽하게 태어났다고 알려줘야 한다. 이 세계에서 마음껏 상상하고, 행동하며, 경험하라고 말해줘라. 그것이 우리 다음 세대를 위한 가장 큰 선물이다.

# 아무리 말해도 듣지 않는 아이

아이와 상하 관계가 아닌 협력자이자 동지,

친구이자 조언자가 될 수 있도록 하나씩 도전해보자.

주말이 되면 부모는 마음이 급해진다. 아이들과 빨리 밥 먹고 나가야 하는데 아이가 밥알을 세고 있으면 답답하다. 밥 먹으라고 입에 넣어주면 씹지는 않고 입에 물고만 있다. 겨우 식사를 마친 뒤 양치를 시켜야 하는데 장난감만 만지고 있고 양치할 생각은 없다. 시간이 늦어 옷을 입혀주려니 돌아다니며 딴짓만 한다. 이렇게 말을 안 들으면 부모는 '나를 무시하나?'라는 오해를 하는 경우가 있다. 그래서 더 화가 나고 아이를 나무라게 된다. 아이들이 이처럼 말을 안 듣는 것은 크게 두 가지 원인이 있다.

첫째, 부모의 말을 정말 못 들었다. 아이는 자신의 놀이에 흠뻑 빠져 있다. 무아지경인 것이다. 그런 상태에서 누가 무슨 말을 한들 귀에 들어오지 않는다. 집중력이 높은 아이일수록 자신의 놀이에 빠져 부모의 말을 못 듣는다. 한 번은 정말 궁금해서 진지하게 아이에게 물어봤다.

"아빠가 가자고 하는 말 들었어?"
"응. 듣기는 했는데 잘 못 들었어."

아이의 대답이 앞뒤가 맞지 않지만, 한편으로는 아이의 상태를 정확히 표현한 말이다. 아이가 부모의 말을 일부러 듣지 않는 것이 아니라 말이 흘러가버린 것이다. 말이 한쪽 귀로 들어와서 뇌로 입력되지 않고 다른 귀로 빠져나갔기 때문이다.

둘째, 부모의 말을 들었지만 몸이 움직이지 않는다. 부모의 말보다 자신이 하고 있는 놀이가 더 중요하기 때문이다. 아이는 지금 자신이 하고 있는 놀이를 멈추고 싶지 않다. 부모가 몇 번 부르다가 가버릴 수도 있기 때문에 버티는 것일 수도 있다. 아이가 행동할 일 중에 부모의 말이 우선순위에서 제일 뒤로 밀린 것이다.

한두 번 말해서는 듣지 않고 꼭 화를 내야 들으니 부모 입장에서는 답답하기만 하다. 우리 아이는 '좋은 말로는 안 되는 그런 아이인가 보다.'라는 생각에 빠진다. 그리고 상황을 빨리 해결하고 싶은 마음에 협박을 하게 된다.

"말 안 들으면 경찰 아저씨가 잡아간다."

"도깨비가 잡으러 온다."

"옆집 아저씨가 이놈 한다."

부모는 온갖 인물을 동원해 아이를 협박한다. 아이는 겁을 먹고 부모의 말을 듣기 시작한다. 당장 상황이 해결되었기에 부모는 만족스러웠겠지만 해결된 것이 아니다. 문제만 더 키웠을 뿐이다. 협박당하는 아이는 자존심이 상하고, 공포를 앞세운 육아 방식은 아이의 낮은 자존감을 형성하기 때문이다. 협박을 받은 아이는 정서적으로 극도의 불안감을 경험하게 된다.

아이 스스로 '이렇게 행동해야겠구나.'라고 생각하는 것이 아니라 '무서우니 일단 피하고 조심해야겠다.'라고 받아들인다. 그러니 비슷한 상황이 왔을 때 말을 안 듣거나 떼쓰는 행동이 반복되는 것이다.

이런 협박은 장기적으로도 아이에게 좋지 않다. 아이에게 '내성'이 생기기 때문이다. 협박에 내성이 생긴 아이는 부모가 차근차근 설명하는 말은 전혀 듣지 않게 된다. 결국 협박의 강도를 높여야 그제야 행동하게 된다. 결론적으로 협박하며 키운 아이는 오히려 더 심한 '떼쟁이', '말 안 듣는 아이'로 만드는 꼴이 되는 것이다.

다른 한편으로는 부모가 경찰 아저씨, 도깨비, 옆집 아저씨를 들먹였지만 아이 입장에서는 아무도 나타나지 않았다. 이것이 반복될수록 부모를 '거짓말쟁이'로 인식하게 된다. 부모는 스스로의 말을 실천하지 못한다는 것을 깨닫게 되는 시점이 오기 때문이다. 결국 부모의 협박은 '별것 아닌 것'이라고 학습하게 되어 무감각해진다. 이 단계에 가면 협박의 강도를 높여도 아이의 행동을 통제할 수단이 없어져버린다. 더 이상 부모의 말은 신뢰를 잃고 무시당하게 되는 것이다.

아이가 길을 잃거나 난처한 상황이 되었을 때 경찰에게 도움을 청해야 한다. 그런데 평소 무서운 경찰 아저씨를 자주 소환하게 되면 경찰에 대한 공포와 부정적인 인식이 심어질 수 있다. 어려운 상황에서 도움을 주는 존재가 아닌 무서운 존재로 인식하게 되는 것이다. 아이가 길을 잃고 정말 나쁜 사람이 나타나서 도움이 필요할 때 경찰을 피하게 된다. 아이에게 협박성 육아를 하지 말아야 하는 이유 중 하나다.

아이는 원래 말을 듣지 않는 존재이다. 말을 잘 듣는다면 오히려 이상하게 생각해야 할 정도다. 협박이 지금 당장은 통할 수 있지만, 그것에 익숙해진 아이는 더 많은 에너지와 시간이 필요하다. 아이가 말을 듣지 않을 때는 개선할 수 있는 절호의 기회라 생각해보자. 평소 아래 방법을 숙지해놓고 적용해보길 바란다.

첫째, 눈을 마주보며 이야기한다. 부모가 TV를 보거나 부엌에 있을 때 아이에게 말하기보다는 아이에게 다가가 눈을 보며 이야기해야 한다. 아이 입장에서는 집중해서 놀고 있을 뿐인데 저 멀리 있는 부모의 말은 들리지 않기 때문이다. 아이와 부드럽게 눈을 맞추고 말해주자. 이때는 아이가 이해하기 쉽게 짧고 간결하게 말해줘야 한다.

둘째, '해야 할 일'을 '놀이'처럼 해보자. "누가 양치하러 빨리 가는지

내기하자.", "누가 먼저 옷 입는지 시합하자. 준비, 시~작!"하며 즐거운 분위기를 만들어보는 것이다. 아이들은 대부분 1등을 하고 싶어 하고 지는 것을 싫어한다. 양치하기, 옷 입기, 장난감 정리하기 등 해야할 일을 놀이처럼 진행한다면 아이는 신나 하며 잘 따라줄 것이다.

셋째, 아이에게 선택 권한을 준다. "양치하고 아빠랑 놀까? 양치 안하고 아빠랑 안 놀까?" 하며 아이에게 선택할 수 있는 권한을 주는 것이다. 이미 부모의 의도대로 깔아놓은 판이지만 아이는 그 판 안에서 스스로 선택했다고 느끼게 된다. 스스로 선택한 일은 강압적인 것보다 더 잘 따라올 확률이 높다. 가끔 아이는 제3의 답변으로 상황을 뚫고 나온다. "양치 안 하고 아빠랑 놀래." 이런 때는 당황하지 말고 다른 선택지를 제시해서 스스로 선택할 수 있도록 유도해준다.(예: "아빠랑 양치할까? 엄마랑 양치할까?")

넷째, 무조건 금지하는 것 대신 대안을 제시해준다. 여기에 밥 먹기 전 과자를 먹고 싶다는 아이가 있다. 부모가 밥 먹고 과자를 먹자고 하면 아이는 "지금! 지금!" 하면서 더 떼를 쓰게 된다. 아이는 '싫은 것'과 '좋은 것'만 있다. 부모가 왜 안 되는지에 대한 논리만 내세우면 아이는 받아들이기 어렵다. "밥 잘 먹고 과자로 얼굴 만들어서 놀자.", "밥 먹고 키 얼마나 컸는지 재보자." 등 아이가 즐거울 만한 대안을 제시해보자.

다섯째, 그래도 말을 안 들으면 '협박' 대신 '경고'를 한다. 협박은 겁을 줘서 억지로 행동을 유도하는 것이다. 그 대신 경고는 미리 주의를 줘서 아이 행동을 제한하는 것이다. 예를 들어 외출해야 하는데 아이는 장난감만 가지고 놀고 있다는 가정해보자. 옷을 입지 않는 아이에게 한 번 말해서 듣지 않으면 두 번째 말할 때는 경고를 하는 것이다.

"지금 옷 입지 않으면 장난감 치울 거야."

이쯤에서 말을 들으면 좋겠지만 아이는 혼자 놀이를 멈추지 않는다. 그러면 세 번째에는 장난감을 치우면 된다. 이런 식으로 삼세판(해야 할 일 전달, 해야 할 일 전달+경고, 해야 할 일 전달+경고+실행) 안에 끝날 수 있도록 반복한다. 반복하다 보면 두 번째 경고 시점에 아이는 놀이에 제약이 온다는 것을 깨닫고 행동을 하게 될 것이다. 장난감을 치우면 아이는 울고불고 난리를 치기도 할 것이다. 그때는 아이를 안고 위로해주자.

'왜 우리 아이는 이렇게 말을 안 들을까?' 모든 부모의 고민이다. 아이 관점에서 생각하기란 쉽지 않다. 시간이 걸릴 수도 있다. 하지만 조금씩 노력하다 보면 더 적은 마찰로, 더 적은 화냄으로, 더 적은 노력으로 원하는 결과를 얻게 될 것이다. 아이와 상하 관계가 아닌 협력자이자 동지, 친구이자 조언자가 될 수 있도록 하나씩 도전해보자. 이것이야말로 아이의 자존감과 정서적 안정을 유지하고, 아이에게 지속적인 신뢰를 얻을 수 있는 방법이다.

## 03

# 내 아이에게 절대 해서는 안 되는 말

> 부모는 단지 아이가 힘들고 지칠 때
> 기대고 쉴 수 있는 집이 되어주는 것만으로도 충분하다.

"오늘 학교에서 뭐 했어?"

"몰라요."

"오늘 뭐 배웠어?"

"몰라요."

"점심 뭐 먹었어?"

"몰라요."

"친구 중에 나쁜 애들 없어?"

"몰라요."

"너는 도대체 아는 게 뭐야? 말 좀 해봐."

"몰라요."

부모와 사춘기 자녀가 나누는 흔한 대화다. 자녀가 어릴 때는 부모에게 엄청난 수다를 자랑한다. 그렇게 말이 많던 아이가 어느 순간 "몰라요."밖에 할 줄 모르게 된다. 어쩌다 이렇게 된 것일까? 자녀의 과거로 돌아가보자.

"TV 그만 보라고 했지? 계속 TV만 보면 좋은 아이야? 나쁜 아이야?"

"나쁜 아이요."

"그런데 넌 왜 TV만 계속 보는 거야? 그리고 자세가 그게 뭐야? 똑바로 앉아! 학원 숙제 다 했어? 아직도 안 하고 언제 하려고 그래?"

아이가 무슨 대답을 하든 혼나기만 하고 잔소리가 이어진다. 아이 입장에서는 괜히 대답했다고 생각할 것이다. 아이는 대답하면 잔소리와 꾸중 듣는 것을 여러 차례 경험한다. 반복되는 학습 효과로 인해 자신을 보호하기 위해 "몰라요."만 하는 것이다.

사랑하는 아이에게 상처 주고 싶은 부모는 없다. 많은 대화를 나누며 좋은 관계를 유지하고 싶어 한다. 그러나 부모 자신도 모르게 아이와의 관계가 멀어지고 상처 주는 말을 하게 된다. 어릴 때 부모에게 그렇게 듣기 싫었던 말을 내 아이에게 하고 있는 것이다. 많은 부모는 아이와의 말다툼에서 어떻게든 이기려고 노력한다. 그렇게 애를 쓰며 아이와 말다툼에서 이기면 작은 승리감만 얻을 뿐이다. 그와 동시에 아이와의 관계는 돌이킬 수 없을 정도로 망가지게 된다.

"다 널 위해서 그러는 거야."

어린 시절에 한 번쯤 들어본 말일 것이다. 반박할 수 없게 만들면서 무언가 마음속에 응어리를 남기는 말이다. 이런 말은 아이에게 죄의식을 심어주고 자신이 무엇을 잘못했는지도 모르는 상태가 된다. 무조건 자기 탓만 하게 되어 자존감이 무너지게 되는 것이다. 아이를 위해서 하는 말이라고 하지만 그 과정에서 크게 야단치며 소리 지르는 것을 정당화할 수는 없다. 의도가 아무리 좋더라도 말이다. 사실 아이를 위해서 그런 것이 아니라 부모 자신을 위해서 그런 것은 아닌가? 부모가 조금 더 편해지기 위해서, 남들에게 자랑하기 위해서, 창피해지길 원하지 않아서, 돈을 들인 만큼 결과를 보고 싶어서 다그치는 것은 아닌가? 아이를 다그치기 전에 부모 자신의 마음을 먼저 살펴봐야 한다.

"어디서 말대꾸야?", "하라면 할 것이지 뭘 그렇게 말이 많아?"

많은 가정에서 부모와 자녀 간에 벌어지는 싸움의 원인은 서로 '존중'하지 않기 때문이다. 부모는 아이를 무시하고, 아이는 부모를 무시한다. 감정은 양방향으로 소통하기 때문에 A를 주면 A가 돌아온다. 부모가 아이를 무시하면서 존중을 바라는 것은 모순된 행동이다. 아이에게 존중을 받으려면 먼저 존중해줘야 한다. 아이가 예의 바르게 행동하길 원한다면 부모가 예의 있게 행동해야 한다. 아이가 행복해지길 원하면 부모가 먼저 행복해야 한다. 아이를 자랑스럽게 여기고 싶다면 부모가 먼저 아이의 자랑이 되어야 한다. 너무나 단순하고 쉬운 원리다.

"그러면 나쁜 사람이야."
"네가 말 안 들어서 엄마, 아빠가 아프잖아."

아이가 해서는 안 되는 말과 행동을 할 때 흔히들 하는 말이다. 그러나 이런 말은 아이에게 심각한 죄책감을 심어준다. 아이의 존재 자체를 부정하는 말이기 때문이다. 나쁜 아이는 없고 나쁜 행동만 있을 뿐이다. "그런 행동은 나쁜 행동이야.", "그건 나쁜 말이야."처럼 아이의 행동과 존재를 분리해야 말해줘야 한다. 행동은 미워하되 아이를 미워하진 말아야 한다. 아이는 자기중심적 사고를 한다. 그래서 세상의 일들이 자신을 중심으로 일어난다고 생각한다. "너 때문에 우리가 힘들다."라는 말은 아이에게 불필요한 죄책감을 심어줄 수 있다. 심해지면 낮은 자존감과 열등감만 가질 수 있으니 조심해야 하는 말이다.

전국 초 · 중 · 고등학생 설문조사 결과 '부모님에게 자주 듣는 말'은 다음과 같다.

"하지 말라고 했지?" "빨리 숙제해라." "학원 가야지." "내가 못 살아." "혼날래?" "빨리 치워." "지겨워." "공부나 해." "커서 뭐가 되려고 그래?" "야!"

자녀에게 거의 독을 뿌리는 듯하다. 이와는 반대로 '부모님에게 가장 듣고 싶은 말' 1위는 바로 "사랑해"였다. 아이를 키우다 보면 '아차!'

할 때가 많다. '많이 사랑해 주고 좋은 말 많이 해줘야지.'라는 생각을 하지만 순간순간 '욱!' 할 때가 많다. 화를 내며 아이에게 소리 지르며 말할 때도 종종 있다. 그리고 바로 후회가 된다. 그날 밤 잠자는 아이들의 천사 같은 얼굴을 보며 미안한 마음이 들곤 한다.

나도 모르게 아이에게 꼰대 같은 모습을 보이지는 않는가? 부모 자신이 가진 경험이나 세월, 연륜이 정답이라고 생각하고 끝까지 옳다고 고집한다면 어떤 아이가 부모와 대화할 수 있겠는가? 물론 모든 부모는 내 아이가 잘되기를 바란다. 그러나 부모와 아이는 그릇의 크기가 다르다. 부모의 그릇이 크고 아이가 작은 경우도 있고, 비슷하거나 그 반대의 경우도 있다. 부모의 그릇이 작다면 어떻게 될까? 부모가 경험한 세계와 환경이 모든 것이라 생각하고 자녀에게 강요한다면? 부모의 그릇에 아이를 맞추느라 아이의 그릇이 깨질 수 있다.

요즘 아이들은 지금보다 훨씬 복잡한 시대를 살아갈 것이다. 부모가 평생 경험하지 못한 수많은 문제를 해결해야 한다. 그런 문제들은 부모가 해결해줄 수 없다. 그것들을 해결하기 위해서는 아이가 자신을 믿고 스스로 해결하는 능력을 갖춰야 한다. 부모의 말만 잘 듣고 '순종'

하는 아이는 중요한 능력을 발휘하기 어렵다. 아이들에게는 '순종'과 '자율'의 균형이 필요하다. 다른 사람과 협력함과 동시에 자유로운 상상과 창의력으로 미래를 만들어야 한다.

부모가 진심으로 믿고 응원해주는 것만으로도 아이는 안정감과 책임감을 느낀다. 아이에게 조언은 해주되 강요는 하지 말자. 부모는 단지 아이가 힘들고 지칠 때 기대고 쉴 수 있는 집이 되어주는 것만으로도 충분하다. 우리 아이들이 바라는 것은 그리 큰 것이 아니다. 그저 따뜻한 말 한마디이다. 아이에게 상처 주지 않는 말하기 연습을 해보자. 그리고 사랑한다고 말해주자. 바로 지금!

# 04

## 아이와 소통하는 부모는 놀이 방법이 다르다

66

아이들에게서 놀이는 삶이고
세상을 배우는 방법이자 통로이다.

99

어릴 적 살던 곳은 서울 신월동이었다. 김포공항 근처라 착륙하는 비행기가 손에 닿을 듯이 가까이에 보였다. 친구들과 놀고 있다가도 비행기가 지나면 잠깐 멈췄다. 비행기 소리가 너무 커서 친구들 말소리가 안 들렸기 때문이다. 어릴 때는 집 밖으로 나가면 항상 아이들이 놀고 있었다. 사방치기, 오징어, 구슬, 딱지치기, 돌 까기, 땅따먹기, 박스로 집 만들기 등 놀 거리가 너무나 많았다. 특히 높은 곳에 올라가기 좋아했다. 담벼락에 올라가 친구들과 서서 걸어 다니고, 숨바꼭질할 때는 나무 위에 올라가 숨기도 했다. 돋보기를 가지고 몰래 하는 불장난은 지금 생각하면 아찔하다.

어릴 때는 잠이 들 때 빨리 내일이 와서 놀고 싶어 했다. 아침부터 밖에 나가 아이들을 불러 모으고 신나게 놀았다. 같이 노는 아이들은 동네 형부터 동생까지 연령대가 다양했다. 그렇게 놀다 보면 어머니가 점심을 먹으라고 불렀다. 아이들에게는 밥 얼른 먹고 다시 여기서 모이자고 약속을 했다. 밥을 다 먹고 아이들을 다시 모아 해가 질 때까지 놀았다. 그렇게 하루 종일 놀아도 지치지 않았다. 어머니가 저녁 먹으라고 부르면 아이들과 서로 아쉬워하며 내일을 기약해야만 했다. 저녁밥을 먹으며 어머니에게는 그날 놀았던 무용담을 늘어놓곤 했다.


"모든 어린이는 자신의 연령과 발달에 적합한 놀이와 여가를 즐길 권리가 있다."


'유엔 아동권리협약' 제31조의 내용이다. 놀이는 아이가 세상을 배우는 방식이다. 아이는 태어나자마자 접하는 모든 것이 첫 시도이자 큰 도약인 것이다. 주변의 수많은 자극을 통해 뇌와 몸이 발달한다. 특히 놀이를 통한 자극은 사회성, 창의성, 공감 능력, 인성 등 많은 부분을 발달시켜 준다.

새가 하늘을 날기 위해서는 날갯짓하는 훈련부터 해야 한다. 날개의 근육을 기르고 오랜 시간 날기 위해 몸에 에너지를 축적해야 한다. 준비되지 않은 새는 하늘을 날기도 전에 추락하고 말 것이다. 아이들도 마찬가지다. 아이들은 세상에 살아가기 위해 성장해야 한다. 성장의 필수 조건은 놀이다. 다시 말해 놀이는 생존을 위한 필수 조건인 것이다.

어찌 보면 당연한 아이들의 놀 권리를 지금은 왜 이렇게 지켜주기 힘들어졌을까? 지금의 아이들은 골목길 놀이가 없다. 골목길을 종횡무진 놀 수 있는 환경이 아니다. 부모가 지켜보며 놀이터에서 노는 것이 전부다. 이것도 미세먼지가 없이 날씨가 좋을 때만 가능하다. 요즘에는 바이러스 감염이 우려되니 친구끼리 노는 것도 조심스럽다.

집 앞에서 "친구야 놀자."라고 부르는 모습은 잊힌 지 오래다. 각종 범죄가 많아 예전처럼 마음 놓고 아이들을 풀어놓을 수 없기 때문이다. 그래서 부모들은 각종 학원을 돌려가며 보내기도 한다. 게다가 핵가족화되면서 친척들과 관계를 쌓고 배울 기회가 적어졌다. 그래서 요즘 아이들은 불쌍하기까지 하다.

대부분 성인이 되면서 어느 순간 노는 방법을 잊어버린다. 학창 시절에는 놀이의 자리에 게임, 농구, 축구 등을 하지만 어렸을 때만큼 자유롭고 창의적이지 않다. 성인이 되고 나서는 취업, 결혼, 육아, 돈, 일 등 걱정거리가 늘어난다. 어른으로서 해야 할 역할과 각종 걱정으로 놀이의 능력을 상당 부분 잃어버리게 되는 것이다. 바쁘게 살아왔기 때문에 노는 것을 '죄'처럼 여기는 풍토가 퍼졌기 때문이다. 그래서 부모들이 놀 줄 모르는 상태에서 아이를 키우게 된다. 이런 환경에서 크는 아이들은 '놀 권리'를 상실하게 된 것이다.

흔히들 놀이를 '특별한 시간'으로 여긴다. 학습과 반대된다거나 오락 정도로만 생각하기 때문이다. 놀이를 '특별한 시간'으로 생각하니 '특별한 장소'에 가서 하는 것으로 오해를 한다. 키즈 카페나 놀이동산 등 비용을 지불하고 일정 공간에서 놀게 하면 부모는 '잘 놀았네.'라고 스스로 위안을 하게 되는 것이다. 아이들과 어떻게 놀아야 할지 모르겠다는 부모들이 많다. 다음 몇 가지 놀이의 조건만 명심하면 된다.

첫째, 아이에게 주도권을 넘겨줘야 한다. 놀이는 아이를 위한 것이므로 부모보다 아이가 하고 싶은 놀이를 해야 한다. 자신이 원하는 놀이를 할 때 가장 큰 즐거움과 흥미를 느낄 수 있는 것이다. 세상의 그무엇이든 아이가 즐거움을 느낀다면 사소한 것이라도 놀이가 될 수 있다. 단, 만 2~3세 이전에는 부모가 놀이를 소개하는 역할과 친구의 역할을 맡아주는 것이 필요하다. 또래와 충분히 놀 수 있는 아이들은 자발적으로 놀 수 있도록 주도권을 넘겨주는 것만으로도 충분하다.

둘째, 아이 스스로 자발성을 가질 수 있게 해야 한다. 놀이할 때 옆에서 보다 보면 답답하고 실패가 뻔히 보이는 경우가 많다. 그래서 놀이에 자꾸 개입하며 실패를 예방해주려 한다. 그러나 아이는 놀이를 통해 실패를 경험해야 한다. 그런 반복 경험을 통해 성공하는 방법을 알아나갈 수 있는 것이다.

블록을 쌓으며 '이렇게 하면 무너지니 튼튼하게 해야지.'라며 잔소리를 하면 그것은 놀이가 아닌 노동이다. 아이가 스스로 자발적으로 논다고 할 수 없다. 무너져도 다시 쌓을 수 있도록 응원만 해주면 되는 것이다. 따라서 놀이에 크게 간섭하지 않는 것이 좋다. 단지 옆에서 관찰하며 아이의 의도를 이해하고 따라주는 것이 중요하다.

셋째, 놀이는 단순해야 한다. 간혹 놀이를 통해 무엇인가를 가르쳐주고 싶어 하는 부모들이 많다. 영어, 숫자, 한글 등 놀이를 학습의 도구로만 생각하는 것이다. 놀이에 목적을 둔다면 그것은 더 이상 재미있는 놀이가 아니다. 놀이는 즐거움을 위한 것이다.

그런데 놀이를 통해 무엇인가를 가르치려고 하면 아이는 어느 순간 긴장해버린다. 놀이에 흥미를 잃게 되고 오히려 스트레스를 받는다. 아이들은 놀이를 통해 스스로 사회성, 인지 능력, 자존감 등을 배워나간다. 굳이 학습과 연결하지 않아도 된다. 아무런 목적 없이 아이 스스로 놀이를 선택해서 주도한다면 아이와 부모 모두 즐거운 놀이가 될 것이다.

특히 야외에서 놀면 다양한 것을 배울 수 있다. 비 온 뒤 흙냄새, 추운 겨울 폐로 들어오는 찬 공기의 상쾌함, 봄여름의 꽃향기, 가을의 낙엽과 싸늘한 바람, 하루 동안 시간의 흐름에 따른 햇빛의 변화, 그런 변화의 흐름에 따른 공간의 느낌 등 많은 것을 느끼고 경험할 수 있다. 마음껏 뛰어놀며 전신 근육 발달, 타인을 배울 수 있는 기회, 정서적 안정감, 사회성 발달에 도움을 줄 수 있다.


놀이는 재미있고 즐거운 것이어야 한다. 놀이는 기쁨이자 그 자체가 목적이고 자유로운 것이다. 아이들은 놀이를 통해 성장하고 발달하며, 표현하고, 행복을 경험한다. 아이들에게서 놀이는 삶이고 세상을 배우는 방법이자 통로이다. 놀이는 단순한 즐거움과 재미를 넘어 아이를 성장시키고 발달시킨다.

아이들의 놀 권리와 가치, 중요성을 존중해줘야 한다. 아이와 진심으로 '깔깔'대며 놀아본 사람들은 알 것이다. 놀이는 아이들과 가장 빨리 마음이 통하는 방법이라는 것을 말이다. 부모와 아이가 함께 놀다 보면 일방적으로 가르치고 배움을 받는 관계에서 또 다른 관계로 서로를 바라보고 이해하게 된다. 아이를 성장시키고 소통하고 싶은 부모라면 아이와 자유롭게 놀아보자.

# 05

# 똑똑한 아이보다 인성을 갖춘 아이로 키워라

> 부모가 '말'이 아닌 '행동'으로 보여준다면
> 그 어떤 아이보다 인성을 갖춘 성인으로 성장할 수 있을 것이다.

삼 형제 중 막내인 나는 어릴 때부터 심부름을 많이 했다. 주로 어머니 일을 많이 도왔다. 어머니는 손이 컸었다. 쪽파 다듬기, 마늘 까기, 콩나물 다듬기 등 한 번에 많은 양의 재료를 손질해야 했다. 그밖에 집안 청소, 걸레 빨기, 슈퍼 다녀오기 등 잔심부름을 도맡아 했다. 1년에 한 번 김장하는 날은 어린 나이임에도 허리가 휠 정도였다. 왜 나만 힘들게 심부름시키는지 항의해봤지만 "형이나 누나는 옛날에 많이 했으니 이제 네 차례야."라는 말만 들었다. 어린 나이에는 몰랐지만 지금 생각해보면 심부름과 집안일은 좋은 인성 교육의 하나였다.

하버드대학에서 재미있는 연구를 했다. 이기주의자라고 생각되는 사람들의 자라온 과정을 살펴보니 어린 시절 집안일을 도운 경험이 전혀 없다는 것이었다. 요즘의 우리 아이들이 그렇다. 받는 것에만 너무 익숙해져 있다. 부모의 사랑을 자신의 권리로 알고 있다. 부모가 당연히 해주는 것으로 알고 있다. 그래서인지 혼자 제대로 할 수 있는 것이 많이 없다. 부모의 과잉보호 탓도 한몫하기 때문이다. 아이의 성취감과 기쁨을 부모가 빼앗는 것이다. 이것은 마치 나무에 물, 자양분, 빛을 차단하는 것과 같다.

아이들이 부모의 집안일에 관심을 보이고 도와주려고 하면 "놔둬. 놔둬. 괜히 다친다."라며 아이를 뒤로 물러서게 한다. 아이가 길거리의 쓰레기를 주우면 "더러우니까 그냥 놔둬."라며 못 하게 막는다. 아이들이 집안일을 돕고, 길거리의 쓰레기를 줍는 일을 경험하게 해줘야 한다. 집안을 함께 정리하면 아이가 함부로 어지르지 않게 된다. 허리를 굽혀 쓰레기를 주워본 아이는 함부로 길에 쓰레기를 버리지 못한다.

심부름이나 집안일은 어떤 교육보다 중요하다. 그런 일을 통해 아이들은 자립심, 다른 사람에 대한 이해, 협력, 관계의 중요성, 인내 등을 배울 수 있다. 따라서 부모라면 아이의 손발이 되지 말고 적당한 집안일을 의도적으로 만들어야 한다. 이것이 가정에서 아이 인성을 키울 수 있는 간단한 방법이다.

가끔 아이 비위를 맞추느라 온 신경이 곤두서 있는 부모를 볼 때가 있다. 아이의 손을 닦아주고, 보여 달라는 것을 보여주고, 입에 하나라도 더 먹여주려고 애걸하다시피 한다. 옷은 부모가 꼭 입혀주려 하고, 신발도 혼자 못 신게 한다. 그렇게 성장한 아이는 부모 없이는 아무것도 할 줄 아는 것이 없게 된다. 그때 가면 쇠약해진 부모는 감당할 수 없는 온갖 요구를 받아주느라 스스로 불행의 길을 걷게 된다. 이것은 아이를 사랑하는 것이 아니라 망치는 길이다.

인성이 부족한 사람이 막대한 힘을 가지게 된다면 어떻게 될까? 사회에 위협적인 존재가 되어버린다. 막대한 힘을 가지지 않더라도 사회생활을 하면서 인성이 부족한 사람은 그만큼 가치가 떨어진다. 학벌이 좋든, 업무를 잘하든, 아무리 재능이 뛰어나더라도 인성이 부족한 사람은 인정받지 못한다. 아이에게 공부, 독서, 규칙적인 생활, 재능, 인성 모두 필요하다. 인성은 그 모든 것의 바탕이 되어준다. 공부,

독서, 재능이 아무리 뛰어나더라도 인성이 밑받침되어주지 않으면 아무 소용 없다.

아버지는 식품 유통업 일을 했다. 서울에 있는 음식점에 식재료를 납품하는 일을 하신 것이다. 아버지는 매일 새벽 4시에 일어나 출근했다. 아침에 일어나면 아버지는 항상 이미 출근했기에 저녁에만 볼 수 있었다.

초등학교 여름방학 때의 일이다. 방학도 몇 주 지나니 심심하고 노는 것도 한계가 있었다. 그래서 퇴근한 아버지에게 내일 일하는 곳에 같이 따라가도 되냐고 물어봤다. 아버지는 흔쾌히 새벽 4시에 일어날 수 있으면 같이 가자고 했다. 다음 날 새벽 4시에 졸린 눈을 비비며 겨우 일어났다. 하지만 비몽사몽 하며 꾸물거리고 있었다. "지금 나오지 않으면 간다."라는 아버지의 말에 서둘러 씻고 따라나섰다. 아버지의 봉고차를 타고 가는 길은 일찍 일어났다는 만족감에 뿌듯했다.

"아빠는 새벽에 일어나면 안 졸려요?"
"아빠도 졸리지. 그런데 먹고살려면 부지런해야 해."

나는 방학이라 항상 늦잠 자고 놀기만 했는데, 매일 새벽부터 일하는 아버지에게 죄송한 마음이 들었다.

"이 차들 좀 봐라. 이 사람들도 일찍 일어나서 일하러 가는 사람들이야. 이렇게 부지런한 사람들이 많아."

새벽 시간이라 도로는 막히지 않았지만, 차들이 제법 많았다. 다른 사람들은 아직까지 꿈속에 있을 것이라 생각했지만, 세상은 나보다 빠르게 움직이고 있었다. 아버지를 따라가면 함께하는 시간보다 기다리는 시간이 더 많았다. 아버지는 거래처 식당들을 돌아다니느라 정신없이 바빠 보였다. 나는 차에서 기다리며 혼자 놀았다. 아버지가 차 열쇠는 가져가서 시동은 못 켜봤지만, 운전석에서 만져보고 싶은 것들은 다 건드려봤다.

한참을 기다리다 아버지가 오면 너무 반가웠다. 식사는 아버지 거래처 음식점에서 해결했다. 집에서 못 보던 것들을 먹어보는 기쁨도 있었다. 음식점 아줌마들은 아이가 귀엽다며 반찬을 더 내어줬다. 밥을 다 먹고 나갈 때면 돈을 내려는 아버지와 받지 않으려는 식당 주인 사이의 실랑이가 이어졌다. 밤늦게 아버지와 함께 집에 가는 도로는 항상 막혔다. 그래도 종일 아버지와 함께 보냈다는 것이 즐거웠다. 그 이후로도 방학이 되면 종종 아버지를 따라다녔다.

아버지의 힘든 노동은 나를 성실하게 키워냈다. "열심히 살아야 한다."라는 훈계 한마디 없이 저절로 그 가르침을 배웠다. 아버지가 말로만 했다면 잔소리밖에 되지 않았을 것이다. 직접 행동으로 보여주며 '부지런히 항상 최선을 다해야 한다.'는 메시지를 나에게 전달해줬다. 지금 나의 부지런함과 성실함은 아버지를 통해 배운 것이다. 아버지의 삶을 통해 배운 습관들은 나의 소중한 자산이 되었다. 이제는 알고 있다. 아버지의 힘겹고 우직하게 쌓아온 삶이 얼마나 대단한 것인지를 말이다. 삼 형제를 키워낸 아버지의 삶 자체가 기적이었다. 그래서인지 지금도 항상 새로운 일에 도전하고 성장하는 사람이 되도록 노력하고 있다.

아버지를 통해 배운 '부지런히 항상 최선을 다해야 한다.'는 메시지를 내 아이들에게도 전달해주고 싶다. 그리고 '새로운 것에 도전하고 항상 성장하는 사람이 되라.'는 메시지도 덧붙이고 싶다.

부모라면 아이 앞에서 당당해야 한다. 아이 앞에서 쩔쩔매는 부모가 아닌, 당당한 부모를 보며 자란 아이는 부모의 사랑에 감사할 줄 알게 된다. 아이와 간단한 집안일을 함께 하면 스스로 해보려는 도전 정신과 자립심을 키울 수 있다. 부모가 '말'이 아닌 '행동'으로 보여준다면 그 어떤 아이보다 인성을 갖춘 성인으로 성장할 수 있을 것이다.

# 06

## 아이가 자신의 삶을 살도록 도와줘라

타인의 시선을 염려하는 한
나는 그 사람들의 것이다.

학창 시절에는 외출하기 전 항상 옷에 신경이 쓰였다. 부모님이 사준 옷만 입다 보니 내 취향이 아닌 것들도 많았기 때문이다. 옷장에 걸린 옷은 많은데 막상 입으려고 하면 쓸 만한 옷이 별로 없었다. 중요한 약속이 있는 날이면 더 신경이 쓰였다. 어떤 옷을 입을지, 상의와 바지는 색 조화가 맞는지 계속 옷을 갈아입으며 거울 앞을 왔다 갔다 했다. 그럴 때마다 어머니가 항상 하시던 말씀이 있었다.

"아무도 너 신경 안 써. 걱정 말고 얼른 입고 나가. 괜찮아."

나 또한 다른 사람들이 무엇을 입고 다니는지, 옷에 주름이 어떻게 졌는지 일일이 다 보고 다니지 않는다. 그런데 마치 모든 사람들이 나만 쳐다보는 것처럼 착각한다. 우리는 너무 남의 시선을 의식하며 살아간다. 옷, 가방, 자동차, 집 심지어 책장에 꽂혀 있는 책까지 남의 시선을 의식한다. 남들이 나를 어떻게 바라보고 생각하는지 항상 신경 쓰며 살아가는 것이다. 그들에게 인정받고 싶고, 그들 그룹에 소속되고 싶은 심리도 작용한다. 인정받지 못하고, 소속되지 못하면 두려워지기 때문이다. 나 또한 무의식적으로 인정받지 못하는 것에 대한 두려움 때문에 아이들에게 이런 말을 자주 하곤 했다.

"네가 이러면 친구들이 싫어해."
"이렇게 떼쓰면 아무도 널 좋아하지 않아."

내 아이가 다른 사람들과 잘 지내기를 원했다. 친구나 선생님들에게 사랑받기를 바랐다. 그들에게 미움받는 것이 걱정스러웠기 때문이다. 물론 아이가 문제 행동을 하면 적절한 훈육을 해야 한다. 그러나 문제 행동을 하지 말아야 하는 이유가 타인의 시선이 되어서는 안 된다. 이런 걱정 속에서 나온 말은 아이에게 자기 자신의 모습으로 살아가지 말라고 하는 것과 마찬가지이다. 자신보다 타인을 더 중요시하고, 자신의 가치보다 세상의 가치를 더 우선시하라는 말인 것이다.

위의 말을 들은 아이는 나의 불안을 고스란히 이어받았을 것이다. 그래서 어떤 행동을 하면 사람들이 자신을 싫어할 것이라는 생각을 하게 만든다. 이것을 반대로 생각하면 특정 행동을 했을 경우에만 타인으로부터 사랑받을 수 있다는 말이다. 아이는 존재 자체로서 사랑받아야 마땅하다. 행동에 따라 선택적으로 사랑을 받아서는 안 된다. 나의 말 한마디가 아이에게 '자신을 소중히 하지 말라.'는 잘못된 인식을 심어줄 수 있는 것이었다.

그렇다고 타인의 시선을 완전히 무시할 수는 없다. 함께 사는 사회에서 타인과 잘 어울려야 한다. 점점 더 협력이 중요한 시대에서는 사회성은 중요한 요소이다. 하지만 타인의 시선, 그들의 가치가 내 삶의 중심이 될 수는 없다. 타인을 과도하게 의식하며 살아가는 것은 피곤하다. 내가 좋고 싫음을 무시하고, 타인이 좋아하는 언행을 하며 산다면 불행한 삶을 사는 것이기 때문이다. 그러니 내 아이가 평생 타인의 시선에 갇혀 살도록 키워서는 안 된다.

아이들과 주말에 키즈 카페에 갔었다. 세 아이는 처음 보는 장난감에 호기심을 보이고 여기저기 돌아다니며 놀기 바빴다. 아이들은 소꿉놀이 장난감으로 탁자에 음식을 차렸다. 나에게 와서 먹어보라고 아우성이었다. 먹는 척을 하며 맛있다고 말해주었다. 이렇게 나와 아이들이 놀고 있으니 다른 아이가 재미있어 보였는지 다가왔다. 그 아이는 탁자에 놓인 음식 장난감 중 하나를 잡았다. 그러자 첫째 서준이가 소리쳤다.

"안 돼. 내 거야. 내가 열심히 음식 만든 거야."
"서준아. 다른 것도 많잖아. 네가 친구한테 양보해."
"싫어! 양보 안 해!!"

널린 것이 장난감인데 왜 유독 그 음식 장난감에 집착하는지 이해할 수 없었다. 내 아이가 다른 친구에게 양보해야 한다고 생각했다. 그래야 서로 사이좋게 놀 수 있고, 장난감으로 문제가 발생하는 것이 싫었기 때문이다. 지금 생각해보면 최대한 문제가 발생하는 것을 회피하고, 조용히 넘어가고 싶은 심리가 깔려 있었다.

이때뿐만 아니라 거의 습관적으로 아이에게 양보를 강요했다. 사촌 아이들이 놀러 오거나 친구들과 놀 때도 아이에게 양보하라고 말했다. 돌아보면 내가 어릴 적에도 항상 양보하고 참으라는 말을 많이 들었다. 그런 기억 때문인지 내 아이에게도 자연스럽게 양보를 강요하고 있었던 것이다. 그러나 조금 더 생각해보니 양보가 좋은 것만은 아님을 깨달았다. 아이들은 모두 공평하게 즐길 권리가 있다. 부모가 아이에게 양보를 강요할 권리는 없다. 그것은 양보가 아니라 억제다.

아이 입장에서는 혼신의 힘을 기울여 구성을 해놓은 장난감을 아빠가 빼앗는 기분이 들었을 것이다. 어른이라면 멋진 스포츠카를 구해서 이제 막 타보려는 순간에 나이 든 부모님이 와서 친구에게 양보하라는 기분과 비슷할 것이다. 양보와 배려는 인간의 중요한 덕목이다. 그러나 아이가 납득하고 원해서 나온 행동이어야 한다. 부모가 강요한다면 아이는 박탈감만 느끼기 때문이다. 그러니 아이에게 이렇게 말해주자.


"네가 하고 싶을 때 양보해. 양보하기 싫으면 안 해도 돼."


아이들끼리 다툼이 생길 경우 한쪽 아이에게 양보를 강요해서는 안 된다. 공평하게 중재하고 특정 놀이로 순서를 정해주는 것도 방법이다. 정 안 되면 다른 놀이나 장난감으로 주의를 끌 수도 있다. 내 아이 일지라도 아이에게 양보를 강요할 수 없다. 무조건적인 양보보다는 규칙을 함께 정하고 지켜야 공평하게 이익을 나눌 수 있는 것이라고 알려줘야 한다. 그렇게 자기 자신을 지키고 사랑할 수 있도록 안내해 줘야 하는 것이다.

요즘 사람들은 자기주장이 흐릿하다. 점심을 먹을 때도 "아무거나.", "똑같은 걸로."라며 자신의 욕구를 잘 표현하지 않는다. 타인에 대한 시선과 양보의 마음 때문에 자신의 생각을 강하게 주장하지 않기 때문이다. 특히 한국은 아이들에게 항상 친절하고 베푸는 사람이 되라고 말한다. 불편하고 예의 없는 사람이 되지 않도록 가르친다. 하지만 아이의 감정이 어떠한지 들여다보진 않는다.

타인의 시선을 염려하는 한 나는 그 사람들의 것이다. 그들에게 구속된 삶을 사는 것이다. 그것은 진정한 나 자신이 아니다. 나다운 삶을 살고 싶다면 남에게 어떤 인정도 구하지 말아야 한다. 그때야 비로소 나 자신이 주인인 삶을 살 수 있다. 타인이 아닌 자신을 스스로 인정할 수 있는 삶이 더 멋지다. 부모가 먼저 자신의 삶에 주인이 되어보자. 그런 부모를 보고 자란 아이는 자신의 삶을 살 수 있다.

# 07

# 부모는 감독이 아닌 진심 어린 관객이다

> 보다 보면 예쁘고,
> 오래 보면 더 사랑스러워진다.

아이들과 자기 전에 항상 하는 절차가 있었다. 책을 읽고 간단하게 핸드폰 손전등을 이용해 그림자놀이를 하는 것이다. 손으로 만든 동물들과 이야기하며 놀이를 끝낸 후 핸드폰 손전등을 껐다. 그런데 갑자기 둘째 아이가 울기 시작했다.

"유준이 왜 그래. 무슨 문제 있어?"

유준이는 말없이 서럽게 울기만 했다. 다시 불을 켜고 아이를 꼭 안

아주었지만 진정되지 않았다.

"룡~ 룡~ 아아앙!!"
"유준이 물 먹고 싶어?"

유준이가 무슨 말을 하긴 하는데 무엇을 원하는지 알 수가 없었다. 아이가 고개를 끄덕여서 두 아이 물을 먹었다. 물을 먹고도 계속 울기만 해서 슬슬 화가 올라왔다. 아이를 빨리 재우고 나만의 시간을 가지고 싶은데 협조적이지 않을 때는 힘들었다.

"책 더 보고 싶어? 곰돌이 책? 공룡 책?"
"룡! 룡!"

알고 보니 공룡 책을 안 보고 불을 꺼서 울음이 터진 것이었다. 결국 공룡 책을 몇 번 더 보고 나서야 불을 끄고 잠을 재울 수 있었다. 아이들이 울 때는 무엇인가 불쾌하거나 부정적인 느낌만 있을 뿐이다. 때로는 아이의 행동이 답답하고 이해되지 않는 것이 많다. 그러니 아이에게 화가 나고 짜증이 난다. 그러나 아이는 나름대로 이유가 있고 원하는 바가 분명히 있다. 그것을 말로 표현할 수 있는 나이는 따로 있다. 그러니 아이에게 제대로 표현하라고 강요하기보다 '관찰'을 통해 무엇을 원하는지 찾는 것이 더 중요하다.

유독 순한 아이들이 있다. 그래서 주변의 부러움을 사기도 한다. 아이의 선천적인 부분도 있겠지만, 이런 아이를 둔 부모들의 공통점이 있다. 그것은 바로 아이들을 잘 '관찰'한다는 것이다. 아이의 심리가 어떠한지, 무엇을 원하고 싫어하는지, 언제 기뻐하고 짜증을 내는지 잘 알고 있다. 전문가라서 그런 것이 아니라 내 아이를 잘 관찰했기 때문이다. 일부 부모는 본인이 잘 관찰하고 있다는 사실을 모른 채 자연스럽게 관찰을 한다. 그래서 육아나 자녀 교육에 대한 박사나 전문가라도 내 아이를 잘 관찰한 부모만큼 전문적이지 못하다.

누구나 내 아이에 대한 관심이 많다. 그 누구보다 잘 키우고 싶고, 많은 사랑을 주고 싶어 한다. 그래서 인터넷과 책에서 쏟아지는 수많은 육아 정보를 접하고 내 아이에게 적용해보려 한다. 그러나 부모들의 노력에도 불구하고 뜻대로 되지 않는다. 수많은 육아 정보는 내 아이에 대한 관찰 없이 만들어진 정보들이다. 그런 정보들에 의지해서는 육아가 더 어려워질 뿐이다. 현대의 부모들은 바쁜 일상을 보내고 있다. 그래서 시간이 많이 걸리는 관찰보다 단편적인 매뉴얼을 원한다. 마치 공식처럼 '아이가 A 행동을 할 때는 B로 대응해야 한다.'는 해답을 바라기 때문이다. 문제는 그러한 해답이 100% 다 효과를 보는 것은 아니라는 것이다.

겨울이 되면 따뜻한 집 안에서 귤 까먹는 재미가 아주 좋았다. 귤을 한 상자 사다놓으면 아이들이 자주 귤을 까달라고 했다. 그런데 몇 개 먹다가 여기저기 그냥 내버려 둔 적이 종종 있었다. 그러면 껍질을 까 놓은 귤 표면이 건조해져서 딱딱해지기 일쑤였다. 어느 날 3살 된 채윤이가 귤을 까달라고 했다. 귤 껍질을 까서 아이에게 줬다. 아이는 귤을 만지작거리더니 다시 나에게 돌려주었다.

"귤 먹지도 않을 거면서 까달라고 하지 마."

아이는 울상을 짓더니 다시 나에게 귤을 내밀었다. 아이에게 받은 귤을 식탁 위에 놔두자 아이는 다시 귤을 가져왔다. 채윤이는 귤을 쪼개서 내 입에 넣어주었다. 아이는 나에게 귤을 먹여주려고 까달라고 했던 것이었다. 아빠 입에 귤을 넣어주고는 싶은데 자신은 귤 껍질을 깔 수가 없으니 아빠에게 해달라고 한 것이다. 난 아이의 마음도 몰라주고 왜 도로 주냐고 따졌으니 아이에게 무척이나 미안하고 고마웠다.

"아빠가 채윤이 마음 몰라줘서 미안해. 채윤이가 주니까 더 맛있네."

위 사례에서 보듯이 난 처음에는 관찰을 한 것이 아니라 섣부른 판단을 했다. 아이들이 귤을 먹다가 그냥 내버려 둔 경험을 통해 고정 관념이 생긴 것이다. "귤 껍질을 까달라고만 하고 먹지 않는다."라는 생각은 나의 판단이었다. "귤 껍질을 까달라고 요청했고, 까준 귤을 나에게 주었다."는 있는 그대로의 사실, 즉 관찰의 결과다. 부모는 판단과 관찰을 구분하는 연습이 필요하다. 상황에 대해 다시 한 번 객관적으로 생각해볼 수 있기 때문이다.

잘 관찰한다는 것은 내 아이의 생각이나 욕구를 잘 파악하고 있다는 것이다. 아이가 이유 없이 칭얼대도 '심심해요. 저 좀 챙겨주세요.'라는 아이의 마음을 볼 수 있다. 서럽게 울고 있는 아이의 얼굴을 보면서 '배가 너무 고파요. 얼른 밥 주세요.'라는 마음을 읽을 줄 아는 것이다.

자녀를 키우는 부모라면 관찰할 수 있어야 한다. 아이들의 모든 행동에는 저마다 이유가 있다. 이유 없는 행동은 없다. 아이의 숨소리, 눈빛, 표정, 몸짓 등 관찰하다 보면 아이가 왜 그런 행동을 했는지 이유를 알 수 있다. 아이들의 행동에 일일이 대응할 '해답'을 찾을 것이 아니라 관찰을 통한 '이유'를 발견해야 한다. 관찰을 통한 이해가 쌓일 때 부모의 불안도 줄어든다. 관찰은 아이에게 신뢰를 주지만 매뉴얼에 따른 해답은 잔소리만 늘어나기 때문이다.

관찰을 통해 아이들의 행동을 이해할 수 있으면 비로소 해석이 가능해진다. 이것이 가능하다면 이해를 통한 내 아이만의 대응 방법을 찾을 수 있다. 내 아이에 대한 고정 관념, 선입견, 편견에 의한 판단을 보류하자. 부모가 아이를 관찰하면 아이도 부모를 관찰한다. 이렇게 생긴 상호 관계는 아이와 부모의 자존감 모두 높여줄 수 있다. 더 이상 아이를 통제의 대상으로 바라보지 말고 진심 어린 관객의 눈으로 관찰해보자. 보다 보면 예쁘고, 오래 보면 더 사랑스러워진다.

# 08

## 세상에서 가장 좋은 부모는 행복한 부모다

> ❝
> 행복은 멋지고 특별한 것이 아니라
> 소박하고 자잘한 기쁨이 조용히 이어지는 것이다.
> ❞

이전 회사를 다닐 때의 일이다. 초등학생 자녀를 둔 직원이 있었다. 그 직원은 아이 미술 숙제를 회사에 가져왔다. 그리고 점심시간과 저녁 시간에 아이 미술 숙제를 대신해주고 있었다.

맞벌이다 보니 아이에게 신경을 많이 못 쓰는 것에 대한 미안함을 가지고 있었기 때문이다. 그래서 아이가 하기 싫어하고 미숙한 미술 숙제를 자주 해줬다. 아이가 숙제를 하지 않고 학교에 가면 선생님에게 혼나는 것이 마음 아팠던 모양이다. 주변 직원들은 모두 의아해했다.

"숙제를 안 했으면 선생님에게 한 번 혼나고, 다음부터 스스로 하는 것이 좋지 않아요?

"아니에요. 얘는 혼나도 안 해요."

내가 이직하기 전까지 그 직원은 아이 숙제를 계속 회사에 가져왔다. 당장에는 아이가 선생님에게 혼나지 않고 착실히 숙제를 가져가니 큰 문제는 없었을 것이다. 그러나 언제까지 그렇게 해줄 수 있을까? 이런 부모의 태도는 아이 스스로 실패하고, 그 속에서 배우고 성장하는 기회를 계속 빼앗는 것이다. 어떤 신입사원은 복합기 사용법을 몰라 엄마에게 전화해서 물어본다고 한다. 웃지 못할 사연이지만 이런 태도는 모두 부모가 만든 것이다.

아이의 실패를 유독 견디기 힘들어하는 부모가 있다. 아이가 블록을 쌓더라도 무너질까 봐 옆에서 잡아주고, 문제지를 풀면 틀린 답을 직접 고쳐준다. 아이가 선생님에게 혼날까 봐 숙제를 대신해주고, 사소한 것까지 챙겨주며 아이의 실패를 예방해준다. 그 이유는 아이와 부모 자신을 동일시하기 때문이다. 아이의 실패를 곧 부모의 실패로 인식하는 것이다. 반대로 아이의 성공을 부모의 성공으로 착각한다. 그래서 아이가 좋은 성적을 받고, 상을 타고, 좋은 대학에 들어가면 부모 자신의 성공으로 받아들인다.

아이가 어릴수록 부모가 옆에서 사소한 부분까지 잘 돌봐줘야 한다. 하지만 아이가 커갈수록 '정서적 분리'가 필요하다. 아이뿐만 아니라 부모의 정서적 분리도 필요한 것이다. 아이와 정서적 분리를 하지 않은 부모일수록 걱정과 불안 속에 살게 되기 때문이다. 그래서인지 요즘 많은 부모가 수많은 걱정과 불안 속에서 아이를 키운다. 내 아이가 친구들과 잘 어울릴 수 있을지, 따돌림은 당하지 않을지, 공부는 잘할지, 키가 작은 것 같은데 언제 쑥쑥 클지, 다른 아이에 비해서 발달이 늦는 것 같고, 말은 왜 그렇게 안 듣는지 등등 수많은 걱정과 불안을 안고 아이를 키운다.

이러한 걱정과 불안의 뿌리를 찾아 올라가다 보면 모두 하나로 이어진다. 그것은 바로 '두려움'이다. 내 아이가 친구들과 어울리지 못하고, 공부를 못하고, 키가 작고, 발달이 늦고, 말 안 듣는 것이 모두 두렵기 때문이다. 아이의 실패를 부모 자신의 실패로 인식하기 때문에 더 두려워진다. 부모 자신의 문제라면 어떻게든 노력해서 개선할 수 있을 것이다. 이것은 어느 정도 통제할 수 있다. 그러나 아이를 키우는 것은 완전히 다르다. 부모의 마음대로 모든 것을 통제할 수 없다. 부모가 노력한다고 개선되는 것도 아니고, 아이가 생각만큼 잘 따라주지 않는다면 부모 속은 더 타들어간다. 그럴수록 두려움은 몇 배로 더 커진다.

일반적으로 '사랑'의 반대말은 화, 질투, 미움, 불안이라고 생각한다. 그러나 사랑의 반대말은 '두려움'이다. 화, 질투, 미움, 불안 등은 모두 두려움이 겉으로 드러난 모습에 지나지 않는다. 두렵기 때문에 화가 나고, 질투심이 생기고, 미운 감정이 들고, 불안해진다. 인간은 누구나 두렵다. 상대방으로부터 사랑받지 못할 것이란 두려움, 무시당하는 것에 대한 두려움, 안전하지 못할 것이라는 두려움으로 여러 가지 감정이 표출되는 것이다. 화를 잘 내는 사람은 그만큼 두려워하는 것이 많기 때문이다.

누구나 항상 두렵다. 다른 사람에게 무시당할까 두렵고, 미움받을까 두렵고, 버려질까 두렵고, 일이 안 풀리면 실패할까 두렵고, 가족이 다칠까 봐 두렵다. 이러한 두려움은 짜증, 미움, 질투, 분노, 불안 등의 감정으로 나타난다. 아이가 위험한 행동을 했을 때 다칠까 봐 두렵기 때문에 화가 나는 것이다. 내 아이를 사랑하기 때문에 두려운 감정이 생기곤 한다. 이러한 감정의 좋고 나쁨은 없다. 단지 한쪽으로 치우지지 않기 위해 조절하는 방법을 알아야 한다.

한쪽으로 치우친 '두려움'은 삶을 망가뜨리는 주범이다. 이것은 피할수록 사라지지 않고 그림자처럼 따라다니며 자신을 무력하게 만든다. 생각이나 행동에 대하여 두려움을 가지면 그것을 끌어당기게 된다. 암을 두려워하면 암이 생기고, 가난을 두려워하면 가난한 삶을 살게 되고, 사람을 두려워하면 외톨이로 지내게 되고, 육아를 두려워하면 소외된 부모가 되고, 아이의 실패를 두려워하면 계속 실패하게 된다. 두려움을 없애는 가장 좋은 방법은 피하지 않고 정면으로 바라보는 것이다. 정면으로 바라볼 때 두려움은 실체가 없다는 것을 깨닫게 된다. 저항하는 것은 지속되고, 살펴보는 것은 사라지기 때문이다.

주말이 되면 아이들 목욕은 아빠 담당이었다. 우리 아이들은 집에서 잠깐 노는 시간에도 워낙 격렬하다 보니 땀을 많이 흘렸다. 아이의 등을 만져보면 항상 땀이 흥건했다. 땀 흘린 세 아이를 차례로 씻겨줬다. 손끝으로 힘을 줘서 머리를 '박박' 감겨주면 시원해했다. 다 씻고 수건으로 닦은 후, 로션을 발라주고, 보송보송한 옷으로 갈아입혔다. 그러면 내 마음도 개운해지는 느낌이었다.

셋째 딸아이의 아직 물기가 조금 남아 있는 머리를 빗겨줬다. 깨끗하고 부드러운 머리를 빗겨주고 있으면 잔잔한 행복이 밀려왔다. 아이의 부드러운 머릿결에, "똑딱똑딱" 소리를 내는 아이의 입술에, "깔깔" 거리며 웃는 아이의 눈웃음 속에, 아이들의 흥얼거리는 노랫소리에, 자고 있는 아이의 통통한 뺨에, 맛있게 밥을 먹는 아이의 오물거리는 입에 행복이 묻어 있었다.

김이 모락모락 나는 커피 속에, 일을 끝냈을 때의 만족감에, 퇴근하고 건물을 나왔을 때의 상쾌한 공기에, 아내와 나누는 사소한 대화 속에, 두부와 잘 조화된 된장찌개 끓는 소리에, 창밖 귀뚜라미 소리에, 한밤중에 혼자 글을 쓰는 시간과 공간에 행복이 녹아 있었다. 행복은 우리 주위에 널려 있다. 행복은 멋지고 특별한 것이 아니라 소박하고 자잘한 기쁨이 조용히 이어지는 것이다.

주위에 널린 행복을 보는 방법이 있다. 그것은 아이에게 중심이 되는 삶에서 벗어나 부모 자신이 중심이 되는 삶을 사는 것이다. 그러면 아이가 실패하는 것에 대한 두려움도 조금은 날려버릴 수 있을 것이다. 부모가 행복하지 않으면 자신의 불안을 아이들에게 그대로 전달한다. 그러니 부모 자신의 행복을 최고 우선순위로 두어야 하는 이유다. 좋은 부모는 아이의 일을 대신해주거나, 돈이 많거나, 원하는 것을 해주는 존재가 아니다. 세상에서 가장 좋은 부모는 스스로 행복한 부모임을 명심하자. 아이는 부모를 보며 저절로 행복해진다.

# Chapter 4 : 일

# 즐겁게 일하고,

## 눈부시게

## 성장하라

# 01

## 회사에서 더 이상 착한 사람이 되지 말자

> 66
>
> 자신의 직위가 낮아도 인격까지 낮은 것은 아니므로
> 기죽지 말고 당당하게 처신하라.
>
> 99

 

첫 번째 이직을 하고 회사에 적응하고 있었다. 업무를 파악하다 보니 계속 이상한 점들이 눈에 보였다. 사람에 따라 다르게 해석할 수 있는 모호한 용어들이 많았고, 업무 순서가 들쑥날쑥해서 이해되지 않았다. 팀장 자리에 가서 일의 우선순위와 방향에 대해 의견을 냈다. 한참 설명을 들은 A팀장은 나에게 한마디 던졌다.

 

"현진 씨, 그냥 시킨 일만 해요."

말문이 막혀 더 이상 한마디 못 하고 자리로 돌아왔다. 내 의견은 중요하지 않고, 단순히 부품으로만 남으라는 식의 말에 의욕을 잃어버린 것이다. 그 이후에도 일에 대해 의견을 냈지만 받아들여지지 않았고, A팀장의 의도대로 진행해야 했다. 직원 입장에서는 관리자의 지시에 따를 수밖에 없으므로 머리로는 이해되지 않지만, 몸으로는 일을 진행시켰다. 문제는 몇 년이 지난 후에 터졌다. 다른 B팀장이 부임해오고 기존의 A팀장은 그 밑으로 배정을 받은 것이었다.

B팀장은 업무 파악을 하면서 내가 맡은 일에 대해 의문을 가졌다. 그리고 몇 년 전 내가 A팀장에게 했던 말을 그대로 나에게 했다. 왜 이렇게 일을 진행시키고 있냐는 질책성 질문이 쏟아졌다. 바로 옆에 A팀장이 앉아 있어서 뭐라도 답변을 해줄 것이라 기대했다. 그러나 A팀장은 입을 굳게 다문 채 단 한마디도 하지 않았다. 'A팀장이 이렇게 시켜서 한 일이라 나도 어쩔 수 없었다.'라고 말하고 싶었지만, 왠지 일러바치는 것 같았다. 결국 모든 질책은 나에게 돌아왔다. 그 뒤로도 나는 한동안 B팀장에게 신뢰하기 힘든 존재가 되었다.

지금 생각해보면 주도적으로 다 같이 회의에 참여시켜 A팀장이 반론을 하도록 분위기를 조성해줘야 했다. 그전에 시킨 일만 하지 않고

A팀장에게 좀 더 적극적으로 내 의견을 내야 했다. 내 의견이 받아들여지지 않았더라도 그 당시 현황과 문제점, 개선 방안에 대한 내용을 문서화해서 보관했어야 했다. 무엇보다 A팀장에게 미움받을 용기가 부족했다. A팀장을 난처하게 만들지 않게 하려고 배려하다 보니 결국 나 자신이 더 크게 난처해져버린 것이었다. 일의 방향을 다시 조정하고 예산을 투입해야 했기 때문에 회사 전체적으로도 손해였다.

회사에는 다양한 사람들이 존재한다. 문제가 생기면 바로 나서서 상황을 해결하고 "전 그럼 이만." 하며 멋지게 사라지는 '해결사', 팀장이 어려워 말 못 하고 있는 직원을 위해 옆에서 부드럽게 도와주는 '천사', 어떤 질문에도 자판기처럼 바로 답이 나오는 내공이 탄탄한 '업무의 고수', 엄청난 기획 능력으로 보고서를 생산해내는 '보고서의 달인', 항상 웃음과 긍정을 잃지 않는 '스마일 맨', 내 성장을 위해 진심으로 조언해주고 도와주는 '인생의 멘토' 등 평생을 같이하고 싶은 사람들이 많다. 직장 생활하면서 2번의 이직을 했지만, 아직도 연락하며 나에게 인생의 멘토 역할을 해주는 선배들이 많이 있다.

반대로 내 에너지를 소모시키는 사람들도 존재한다. 일은 못하지만 상사 옆에서 기분만 맞춰주는 '딸랑이', 모든 일에 불평불만을 터트리며 만족하거나 감사할 줄 모르는 '투덜이', 모든 일은 자신이 다 해봤고 결론은 안 된다는 말만 하는 '안 돼 쟁이', 겉으로는 친절하지만 뒤에서는 험담하기를 좋아하는 '가십쟁이', 항상 한숨을 쉬며 별것 아닌 일도 큰일 났다며 소동을 벌이는 '걱정이', 다른 사람을 깎아내리며 자신을 돋보이게 하려는 '사내 정치인', 남의 성과를 가로채가는 '하이에나' 등 다양한 사람들이 있다. 이런 부정적인 사람들에게 휘둘리면 나의 에너지를 너무 많이 소모하게 된다. 피하고 싶은 에너지 뱀파이어들이다. 옆에 있는 것 자체만으로도 기가 빨린다.

친구나 지인 중에 이런 에너지 뱀파이어가 있다면 안 보면 그만이다. 그러면 더 이상 모욕을 당하거나 무례한 태도를 견디지 않아도 된다. 그러나 회사는 다르다. 에너지 뱀파이어와 마주치고 싶지 않아도 매일 봐야 하는 곳이 회사다. 그들과 협력해야 하고 어떻게든 일을 추진해나가고 결과를 만들어야 한다. 비겁하고 부당한 대우를 받아도 피할 수 없다. 그래서 겉으로는 평범한 직장 생활을 하고 있는 것처럼 보이지만 '부글부글' 속이 끓는 직장인이 많다.

특히 '착한 사람'으로 불리는 사람 중에 피해자가 많다. 나 또한 이런 피해자의 부류에 속했었다. 어릴 때부터 "네가 착하니까 참아.", "네가 착하니까 양보해.", "네가 착하니까 이해해."라는 말을 많이 들었다. 그래서 '나를 조금 희생시키더라도 다른 사람을 위해 배려해야 한다.' 는 인식이 깊게 자리 잡고 있었다. 한국은 너무 예스맨을 강요한다. 어릴 때부터 거절의 방법을 가르쳐주지 않기 때문이다. 친절한 사람, 베푸는 사람이 되라고 하고, 불편하고 예의 없는 사람이 되지 않도록 가르친다.

직장 내에서 착한 사람들의 특징이 있다. 갈등 상황이 부담스럽고 피하려고 한다는 것이다. 다른 사람들과 별 탈 없이 지내려고만 하기 때문이다. 그래서 반대 의견을 내세우는 것이 조심스럽다. 또 하나의 특징은 인정받고 싶어 하는 욕구가 강하다. 그래서 미움을 받거나 인정받지 못하면 불안해진다. 또한 거절에 익숙하지 않다. 나쁜 사람으로 기억되고 싶지 않아 곤란한 부탁을 받아도 거절을 못 한다. 그리고 나중에 후회한다. 처음에는 '배려'하는 마음에 베풀었지만, 나중에는 그들의 '권리'로 바뀐다. 그래서 조금이라도 일이 잘못되면 억울하게 뒤집어쓰기도 한다.

나 자신을 조용히 관찰해보니 갈등 상황을 피하려 하고, 인정받고 싶어 하는 욕구가 강하며, 거절을 잘 못 하는 성향이었다. 이것은 착한 것이 아니라 '맹'한 것이었다. 그래서 나 자신을 다시 선택했다. 나를 함부로 대하는 사람들에게 인정받기 위해서, 잘 보이기 위해서, 착한 사람이 되기 위해서 더 이상 노력하지 않기로 선택했다. 그렇게 생각하는 순간 마음이 편안해졌다. 내 안에 보이지 않는 자물쇠가 '딸깍' 풀리면서 동시에 자유와 해방감을 느꼈다. 그렇다고 나쁜 사람이 되고자 선택했던 것은 아니었다. 모두에게 매너 있게 행동하지만, 선을 넘는 사람들에게는 냉정하게 행동한다는 원칙을 세웠다.

더 이상 착한 사람이 되지 않기로 선택했다면 행동으로 옮길 때이다. 무례한 사람을 대응하는 몇 가지 간단한 방법을 소개하겠다.

첫째, 웃지 마라. 평소에 미소 짓고 웃더라도 그들에게 나의 미소를 보여서는 안 된다. 그들에게 덜 공격받기 위해 미소를 보이면 공격 욕구만 자극할 뿐이기 때문이다. 소중한 나를 함부로 해도 되는 약한 존재로 인식시키지 말아야 한다.

둘째, 비위를 맞춰주지 마라. 많은 직원이 무례하고 영향력 있는 사람에게 친절하게 대해준다. 그들에게 음료수를 가져다주고, 부르면 즉각적으로 달려가고, 그들 입장에서 말해준다. 무례한 사람은 대우 받는 것을 당연하게 생각한다. 그들은 대부분 지배 욕구가 강하다. 내가 웃으면서 그들의 비위를 맞추고 있다면 어떻겠는가? 그들은 심리적으로 나를 지배하고 있다고 생각하며 뿌듯해한다. 그러니 무례하게 굴어도 상관없는 사람이 되지 말아야 한다. 공격받아도 괜찮은 사람이 되면 안 된다.

셋째, 미움받을 용기를 가져라. 어차피 모두 나를 좋아할 수 없다. 무례한 사람들에게는 내가 나쁜 사람이 되어도 상관없다. 그들에게 내 감정 에너지를 소모하는 것보다 내 일에 집중하는 것이 나와 회사를 위해 더 이득이기 때문이다. 그러니 그들의 의견을 듣지만 크게 신경 쓰지도 마라. '그건 당신 생각이고.'라는 마음으로 행동해보자.

넷째, 현명하게 거절해라. "이 일은 제 업무가 아닙니다. 이것을 하면 현재 업무 일정에 차질이 생깁니다. 이것을 하려면 업무 우선순위 재조정이 필요합니다." 이런 단호함은 인간관계를 더 효율적으로 만들어주고, 성공적인 직장 생활을 만들어낸다. 잘 지내고 있는 동료와 관계가 어색해질까 봐 단호하게 거절하지 않으면 동료의 업무는 자연스럽게 나에게 넘어오고 그때부터는 고맙다는 소리도 제대로 못 듣게 될 수도 있다. 착하지만 원칙이 있는 사람, 거절할 줄도 아는 사람이란 인식이 중요하다. 그러면 자기주장이 있는 사람, 함부로 하기 힘든 사람으로 자리 잡게 된다.

회사에서는 '또라이 보존의 법칙'이 존재한다. 어느 부서, 어느 조직이든 나와 다른 사람들은 존재한다. '우리 회사는 왜 이렇게 이상한 사람들이 많지?'라고 생각하면 스트레스만 받을 뿐이다. 회사는 다양한 사람들이 모여 있는 곳이라는 사실을 인정해라. 회사는 원래 그런 곳이다. 전국의 사람들이 모여 일을 하는 곳이니 그럴 수밖에 없다. 그들은 나와 다른 것뿐이다. 그들도 나를 이상한 사람이라고 생각할 수 있다.

직장 생활을 하다 보면 배려심을 가지고 성실하게 묵묵히 일한다고 인정받지 않는다. 단호하게 의견을 적극적으로 표출하고 뻔뻔해질 필요가 있다. 이제 더 이상 자신을 호구로 만들지 말고 착한 사람에서 탈피해보자. 자신의 직위가 낮아도 인격까지 낮은 것은 아니므로 기죽지 말고 당당하게 처신해라. 정당하게 스스로를 방어하고, 직장 생활을 성공적으로 해나가자. 개인뿐만 아니라 회사 발전을 위해서라도 절대적으로 필요한 일이다.

# 02

## 성공한 직장인들만 아는 은밀한 기술

> ❝
> 자세를 바로 하라는 것은
> 정신을 바로 하라는 말과 동일하다.
> ❞

언제부터인지 자세가 좋지 않게 변했다. 학교 다닐 때부터 항상 책상에 앉아 있는 시간이 많다 보니 목, 어깨, 허리가 구부정했다. 직장생활을 하면서도 항상 컴퓨터 앞에 앉아 구부정한 자세가 지속되었다. 의식적으로 허리를 펴고 어깨를 열어도 앉아서 일하다 보면 나도 모르게 몸이 이전 자세로 되돌아갔다. 앉아 있을 때뿐만이 아니었다. 서 있거나 걸을 때도 땅을 보거나 가슴을 움츠린 채였다.

그래서 주변 사람들은 나에게 "힘이 없어 보인다.", "기운 빠져 보인다."라는 말을 종종 했다. 안 그래도 자주 찾아오는 무기력함과 자신감 부족이 나에게는 가장 큰 고민이었다.

몸이 구부정해지면 마음도 구부정해진다. 의기소침하고 무기력한 느낌이 자주 들기 때문이다. 이런 자세는 타인의 공격을 대비하는 자세이다. 그래서 패배자의 자세라고 불리기도 한다. 우리의 마음과 몸은 하나로 묶여 있다. 따라서 몸의 행동은 마음의 상태를 나타내주는 지표이기도 하다. 몸과 마음의 연관성은 매우 강해서 구부정하거나 땅을 보며 가슴을 웅크리고 있는 자세는 자신감을 떨어뜨리고 무기력하게 만든다.

하버드비즈니스 스쿨에서 몸짓에 따른 호르몬의 변화를 실험했는데 결과는 흥미로웠다. 자신감 넘치는 몸짓을 할 때는 자신감의 호르몬이라 불리는 테스토스테론 호르몬(남성 호르몬)의 수치가 증가했다. 반대로 자신 없는 몸짓을 2분만 하고 있어도 테스토스테론의 수치가 감소했다. 이뿐 아니라 스트레스에도 영향이 있었다. 자신감 넘치는 자세를 하고 있으면 스트레스 호르몬의 수치가 감소했고, 자신 없는 몸짓을 하면 스트레스 호르몬의 수치가 증가했다. 따라서 의식적인 자세와 몸짓만으로도 자신감과 스트레스 관리를 할 수 있는 것이다.

몸짓과 자세는 타인이 나를 바라보는 시선에도 영향을 미친다. 자세가 나쁘면 주변 사람들에게 왜소하고 자신감이 없어 보이게 된다. 사람은 겉모습으로 상대를 평가한다. 사람이 느끼는 감정은 말보다 비언어적인 행동을 통해 더 많이 전달되기 때문이다. 따라서 패배자의 자세를 하고 있으면 사람들도 당신을 패배자로 바라본다. 직장 내에서 무례한 사람들이 달려와 나에게 함부로 말하고, 업무를 떠넘기려 하고, 뒤에서 험담할 것이다. 반대로 허리를 쭉 펴고 가슴을 열면 사람들 역시 나를 성공자로 대우한다. 나 스스로도 자신감을 가지게 되고, 타인도 물론 함부로 할 수 없는 사람으로 인식하게 된다.

기존의 구부정한 자세에서 척추를 편 상태를 유지하려고 많은 노력을 했다. 의식하지 않으면 다시 예전으로 되돌아가는 자세 때문에 쉽지는 않았다. 평소 자세와 달라지니 척추를 펴고 있는 것만으로도 허리가 아팠다. 하지만 내가 원하는 자세를 선택하고 또 선택하며 교정해나갔다. 자세가 펴지니 무기력감도 조금씩 사라지고, 자신감이 점점 쌓여갔다. 그리고 동료나 상사를 설득시키는 일도 좀 더 수월해지는 느낌이 들었다. 아래는 자신감을 높여주는 자세이니 따라 해보길 바란다.

첫째, 공간을 많이 차지하는 자세를 자주 취해라. 똑바로 우뚝 서 있는 자세는 공간을 많이 차지한다. 물리적 공간을 많이 차지하는 방법은 큰 차나 집을 소유하는 것과 같이 비언어적인 메시지를 보여준다. 나는 대단한 사람이라고 말하는 것과 같다. 스포츠 선수들은 골을 넣은 후 양팔을 높이 들어 승리를 만끽한다. 이 자세는 체내의 호르몬을 변화시켜 스스로 자신감을 부여할 수 있는 동시에 강인함을 드러낸다. 일하면서 중간중간 팔을 위쪽이나 좌우로 자주 뻗어 승리의 자세를 취하고, 양손을 머리의 뒷부분을 받치는 등의 자세를 취해보라. 몸을 확장시키고 공간을 많이 차지하는 자세를 통해 성공자의 모습을 할 수 있다. 단, 다리를 벌려 공간을 차지하는 자세는 매너 없는 행동이므로 주의하길 바란다.

둘째, 턱을 올려라. 자신감이 없을수록 턱이 안쪽으로 말려 들어간다. 그래서 고개가 숙여지고 땅만 보고 걷게 되는 것이다. 회의 시간에 상대방은 바라보지 않고 책상만 바라보는 사람들이 많은데 자신감 부족 때문이다. 반대로 자신감이 넘치면 턱을 들어 얼굴을 똑바로 세운다. 그러니 의식적으로 고개를 들고 땅이 아닌 하늘을 바라보도록 반복해야 한다.

셋째, 가슴을 열어라. 자신감이 부족하면 긴장이 돼서 나를 방어하는 자세를 취하게 된다. 팔짱을 끼거나 몸 앞을 가리고 싶어 한다. 몸에서 가장 핵심적인 부분인 심장을 무의식적으로 보호하려는 것이다. 이런 자세는 내 앞에 있는 사람을 환영하지 못하는 자세이다. 반대로 심장을 오픈하고, 어깨를 펴고, 양팔을 살짝 좌우로 벌리는 자세는 상대방을 수용하는 자세이다. 그럼 상대방에게 긍정과 환영의 느낌을 시각적으로 전달할 수 있게 된다.

넷째, 손을 테이블 위에 올려놔라. 특히 추운 날 허벅지 아래에 손을 집어넣는 경우가 많다. 그 상태로 오래 회의를 하다 보면 나중에는 손에 자국이 생기는 경우가 종종 있다. 자신감이 없는 경우 동작이 커지는 것이 부담스럽고, 손을 테이블 위에 올리는 것도 부자연스럽게 느껴지기 때문이다. 그러니 자신감이 부족해도 테이블 위에 손을 올려놔야 당당하고 편안하다는 것을 연출할 수 있다.

그 밖에 현재 모니터를 점검해봐야 한다. 대부분의 모니터는 눈높이 아래에 있는데 이것은 거북목의 원인이 된다. 따라서 모니터를 눈높이에 맞춰 사용해야 척추부터 목까지 쭉 뻗을 수 있다.

자세를 바로 하라는 것은 정신을 바로 하라는 말과 동일하다. 정신을 바로 해야 나 자신과 타인에게 당당해질 수 있다. 바른 자세에서 나오는 자신감은 내 생각을 말하고, 바라는 것을 당당하게 요구할 수 있다. 기존에 다른 사람들이 가진 권리만큼 나에게도 그런 권리가 있다고 생각해라. 자세가 바르면 그동안 느꼈던 두려움도 서서히 사라질 것이다. 그 결과 나 자신은 물론 타인까지 나를 영향력 있는 사람으로 생각하게 된다.

일하고 있는 주변 직장 동료들의 자세를 관찰해보라. 구부정한 자세를 취하고 있을 것이다. 대부분 모니터 속으로 빨려 들어갈 것처럼 목은 굽어 있고, 허리는 구부정하며, 움츠리고 있다. 회의 때는 책상만 바라보며 몇몇은 팔짱을 끼고 있다. 당신은 그 속에서 곧은 자세로 우뚝 솟은 존재가 돼라. 자신감 넘치고 빛나는 존재가 되어라. 그동안 구부정하고 웅크린 자세에서 벗어나보자. 반듯한 자세를 통해 당당해진 나 자신을 발견할 수 있을 것이다.

고객, 비즈니스 파트너, 타 부서와 미팅할 때에도 유용하게 활용할 수 있다. 강인함과 자신감을 보여줘서 내가 원하는 방향으로 이끌 수 있다. 자세가 다시 이전으로 되돌아가도 걱정할 것 없다. 자연스러운 현상이다. 움츠리지 말고 반복하고 또 반복하라. 이런 노력은 직장 내에서 당신의 성공을 도와줄 것이다.

# 03

# 회사 동료들과 '이것'만은 나누지 말아라

> ❝
>
> 불만에 가득 차서 '회사'와 '동료'를 상대로 싸우지 말고,
> '회사에 닥친 문제'와 싸우며 성장해야 한다
>
> ❞

군대를 제대하고 바로 학교에 복학했다. 얼른 졸업하고 취업해서 아버지의 부담을 덜어드리고 싶어서였다. 복학 후 그해 여름방학 때였다. 대학원에 다니고 있는 선배에게 연락이 왔다. 스타트업 기업에서 대학원생들과 프로그램 개발을 하고 있는데 같이 해보자는 것이었다. 급하게 개발할 건이 있으니 2주만 함께 일하는 조건이었다. 근무 장소에 가보니 다들 합숙하며 일하고 있었다. 일은 힘들지만 다들 열정은 대단했다. 굳어 있던 뇌를 다시 풀가동 시키며 2주 동안 요청받은 프로그램을 만들었다. 팀장은 결과물에 어느 정도 만족하는 눈치였다.

약속한 기간이 끝났으니 다른 알바를 알아보고 있었다. 팀장은 나의 성실함을 좋게 보았는지 계속 일해보자고 했다. 앞으로 개발할 것들이 많은데 사람이 부족하다는 것이었다. 이때부터 스타트업 기업에서 일하게 되었다. 개강을 하고도 낮에는 학교를 다니며 저녁에는 사무실에 가서 일을 했다. 당연히 수면시간이 급속히 줄어들었다. 학교에서는 강의시간에 잠들기 일쑤였다. 잠시라도 앉아 있는 틈만 나면 졸았다. 친구들은 나를 좀비라 불렀다. 이런 생활을 하니 몸이 많이 망가졌다. 많지는 않지만 그렇게 일하며 받은 돈을 모아 등록금을 냈다. 1년 정도 지나니 회사 사정이 어려워졌다. 몇 달째 돈이 나오지 않았다. 졸업 논문도 써야 하고 어쩔 수 없이 일을 그만두어야 했다.

졸업 논문 발표가 무사히 끝난 뒤 한 회사에 취업이 되었다. 회사 시설, 사람, 용어, 방식 등 모든 것이 새롭고 낯설었다. 그래도 낮에 일하고 밤에 잘 수 있다는 것이 너무 행복했다. 정상적인 생활을 할 수 있다는 것이 큰 축복으로 느껴졌다. 특히 목에 거는 사원증이 너무 좋았다. 평소 사원증을 목에 걸고 다니는 직장인들이 그렇게 부러울 수 없었기 때문이다. 사원증을 반드시 목에 걸어야 한다는 규칙은 없었지만, 항상 자랑스럽게 걸고 다녔다.

그런데 회사 생활을 하면서 이상한 점을 발견했다. 불평불만을 가진 사람들이 생각보다 많이 있다는 것이었다. 처음에는 좋은 환경에서 일하는 직원들이 왜 그런지 이해가 되지 않았다. 마치 딴 세상 사람처럼 느껴졌다. 그런데 직장 생활을 하다 보니 나도 서서히 불만이 생기기 시작했다. 이전보다 더 많은 것을 원하고 있었다. 문제는 내가 불평불만을 많이 한다는 것을 인식하지 못하는 것이었다. 스스로 문제점을 모르니 고쳐지지도 않았다. 어느새 '투덜이'가 되어 나 자신을 스스로 불행하게 만들고 있었다. 그토록 바라던 정상적인 회사를 다니게 되었고, 모든 것을 내가 선택했음에도 불구하고 누군가에게서 떠밀려온 것처럼 불만을 가지고 있었다.

부정적인 말은 나를 갉아먹는다. 부정은 긍정보다 더 힘이 세기 때문이다. 심리학자 로이 바우마이스터(Roy F. Baumeister)와 저널리스트 존 티어니(John Tierney)는 그들의 저서에서 "사람은 긍정적인 것보다 부정적인 것에 더 큰 영향을 받는 성향이 있다"고 설명했다. 불만은 2명이 나누면 반반씩 줄어드는 것이 아니라 배로 늘어나기 때문이다.

물론 조직 생활에 불만을 가질 수 있는 요인은 많다. 회사에 따라서 공정하지 않은 월급, 불합리한 인사평가, 독불장군 상사, 고집 센 부하직원 등 불만 요소는 너무 많다. 어느 조직이나 정도의 차이만 있을 뿐, 일정 수준의 문제는 언제나 존재한다. 그런데 이런 불만을 항상 입에 달고 다니는 사람들이 있다. 쉴 새 없이 불만을 찾아내고 확대해서 전파시킨다. 조직 내에서뿐만 아니라 개인의 삶 자체에도 불만을 품고 산다. 습관적인 투덜거림이기 때문에 마땅한 해결책이 있는 것도 아니다. 서로의 불만을 이야기하다 보면 스트레스가 풀릴 때도 있지만 대개 더 우울해지고 의욕이 꺾이게 마련이다.

직장인들끼리 어려움을 이해하고 고민하면서 해결 방안을 모색하는 것은 바람직하다. 그런 과정 속에서 위로와 조언을 받기도 한다. 그러나 습관성 불만을 서로 공유하는 것은 시간이 너무 아깝다. 아무리 가까운 사이라도 불평불만은 신중해야 한다. 처음 몇 번은 공감할 수 있겠지만 반복되면 서로 피곤해진다. 불평불만은 타인에게 하지도 말고, 듣지도 않는 것이 좋다. 긍정적 에너지를 나누는 것만으로도 시간이 부족하다.

나 또한 어느새 불평만 늘어놓는 사람이 되어 있었다. 부정적인 말에 나의 성장과 발전이 멈춰버린 것이었다. 무심코 뱉은 부정적인 말은 나도 모르게 현실이 된다. 한두 번 말했다고 바로 현실이 되는 것은 아니다. 하지만 반복할수록 내 잠재의식에 뿌리 깊게 자리 잡아 나의 삶을 갉아먹는 것이다. 다양한 책을 읽고, 나 자신을 관찰하면서 부정적인 나를 발견할 수 있었다. 더 이상 이런 식으로 살면 안 되겠다는 절박함을 느꼈다. 그래서 부정적인 생각과 말이 나올 때마다 의식적으로 교정하는 훈련을 했다. 예를 들면 이런 식으로 수정했다.

"오늘 왜 이렇게 일이 안 풀리지?" → "모두가 나의 성공을 도와주고 있다."

"저 사람 진짜 매너 없네." → "나도 저런 행동을 하지 않게 조심해야겠다. 알려줘서 고맙습니다."

"이 일 도저히 못 할 것 같아." → "나니까 제일 잘 할 수 있어."

"바보같이 왜 그 생각을 못 했지?" → "모든 것이 예상대로다. 난 천재야."

걱정이나 불안한 느낌이 들면 속으로 "고맙습니다. 사랑합니다."라고 몇백 번을 반복했다. 이것은 나를 속이는 것이 아니라 자신을 믿어주는 것이다. 처음에는 거부감이 들어 이상했지만 나 자신이 믿어줄 때까지 몇 번이고 반복했다. 그러면 기분이 차분해지면서 긍정적인 에너지가 느껴졌다.

회의하다 보면 대화에 브레이크를 거는 사람이 꼭 있다. 어쩜 그렇게 안 되는 이유를 잘 찾아내는지 신기할 정도다. 이런 사람일수록 반대에만 집중하고 대안이 없다. 이야기를 듣고 있으면 아무것도 하지 말고 숨만 쉬고 있어야 될 것 같다.

"내가 해봤는데 그 일 쉽지 않아. 잘 안 될 거야."
"이런저런 이유 때문에 그 일은 불가능합니다."
"이 일은 해봤자 티도 안 나고, 욕만 먹어."

안 되는 이유 100개를 말하는 것은 너무 쉽다. 하지만 되는 이유 1개를 찾는 것은 어렵다. 성장하는 사람은 되는 이유를 찾는 사람이다. 불가능 속에서 누군가는 불평불만으로 가득 차서 정체되어 있고, 또 다른 누군가는 성과를 낸다. 불만에 가득 차서 '회사'와 '동료'를 상대로 싸우지 말고, '회사에 닥친 문제'와 싸우며 성장해야 한다. 합리적인 긍정을 나누어 다 함께 성장하는 사람이 되어보자.

# 04

## 실수는 인정하고, 모르면 배우는 용기를 가져라

> ❝
>
> 벼는 익을수록 고개를 숙이는 것이 아니라,
> 고개를 미리 숙여서 빨리 익는다.
>
> ❞

"헉!!"

아침에 놀라며 갑자기 눈을 떴다. 창문에는 햇볕이 내리쬐고 있었다. 오늘은 회사를 가는 날인지 쉬는 날인지 몇 초 동안 빠르게 기억을 더듬어봤다. 회사를 가는 날이면 빨리 준비를 해야 했다. 다행히 어제는 금요일이었다. 초조했던 마음을 쓸어내리며 다시 편안한 마음으로 잠을 청했다. 잠시 불안하긴 했지만, 다시 잠들 수 있다는 것에 행복감을 느꼈다. 그것도 잠시, 아이들이 잠을 깨워 일어나야만 했다.

직장 생활을 하다 보면 주말 아침에 헐레벌떡 놀라 일어나는 경우 이외에도 실수하는 일이 종종 있었다. 회사 출입구 스피드게이트에 사원증 대신 교통카드를 찍으며 '기계가 고장 났나?' 하며 뒷사람들을 기다리게 한 적이 있었다. 반대로 지하철 개찰구에 교통카드 대신 목에 걸려 있는 사원증을 찍으며 머쓱해진 적도 있었다.

회사에서는 위와 같이 사소한 실수뿐만 아니라 큰 실수도 하게 된다. 상사의 지시를 누락하거나, 보고서에 숫자가 틀리거나, 일정이 틀어지는 등 종류도 다양하다. 평소 사소한 실수를 하더라도 업무에는 최대한 실수를 줄이기 위해 검토하고 또 검토해야 한다. 보고서의 숫자, 오탈자만 아니라 지금 방향에 대한 적절성, 명분 등을 계속 돌아봐야 한다. 그래야 큰 사고를 줄일 수 있기 때문이다. 직장인이 가장 조심해야 하는 것은 경주마처럼 앞만 보고 달려갈 때이다. 주변을 돌아보며 일의 속도와 합리성을 균형 있게 맞춰 하는 것이 중요하다. 하지만 그렇게 조심하면서도 실수하는 경우가 종종 있다.

직장 생활을 하면서 한 번도 실수를 하지 않는 사람은 없다. 누구나 실수를 한다. 중요한 것은 실수 이후의 태도다. 어떤 사람은 끝까지 자기방어를 하며 남 탓을 하는 사람이 있고, 죄송하다고 솔직히 말하는 사람도 있다. 안타깝게도 전자의 사람들이 대부분이다.

저자의 경우도 지난 직장 생활을 뒤돌아보면 실수했을 때 대부분 자기방어를 했다. 어쩔 수 없는 상황이었다고 합리화시키기에 바빴다. 실수를 인정하는 그 순간이 싫어서, 어색해서, 능력 없는 사람으로 보일까 봐 자기방어에 열중했다. 당장은 자존심을 살리겠지만 장기적으로는 신뢰를 잃게 된다.

"그것은 미처 생각을 못 했습니다. 다른 방향을 고민하겠습니다."

이렇게 말했다면 얼마나 더 좋았을까? 실수를 했으면 솔직하게 인정하는 것은 용기 있는 행동이다. 당당하게 실수를 인정하고 그런 행동을 반복하지 않기 위해 노력하면 그만이다. 그래야 스스로 성장할 수 있는 기회를 가질 수 있다. 그럼에도 많은 사람들이 실수를 인정하지 않는 것이 현실이다. 일관성을 중요하게 여기기 때문이다.

이전 회사를 다닐 때의 일이다. 제법 큰 프로젝트의 일을 맡게 되었다. 기존에 없던 국내 기준을 새롭게 만들고, 기준을 통과한 기업에

인증서를 주는 사업이었다. 팀원들은 기존 업무가 많았고, 일할 사람이 부족했다. 그나마 내가 가진 경험이 그 프로젝트와 약간 비슷한 부분이 있었다. 좋은 기회로 생각하고 프로젝트에 몰두했다. 그런데 생각만큼 일이 진행되지 않았다. 처음 접하는 프로젝트이다 보니 여러 기술적인 부분에서 막혔기 때문이다.

주변 선배들에게 물어보고 싶어도 다들 바쁘게 일하느라 끼어들 틈이 없었다. 이대로 가다가는 시간만 허비할 것 같았다. 기술적 분야를 잘 아는 책임 연구원에게 용기를 내어 물었다.


"책임님. 잠깐 시간 괜찮으세요?"

"네. 무슨 일이에요?"

"다름 아니라 이 알고리즘이 이해되지 않아서요. 이 분야는 책임님이 전문가이니 잘 아실 것 같아서요."


책임 연구원은 친절하고 자세하게 설명을 해줬다. 인터넷이나 책에서 본 것보다 훨씬 이해하기 쉬웠다. 설명을 듣고 나니 굳이 이해하려고 노력할 필요조차 없었다. 너무나 당연하고 합리적인 순서와 구조가 눈에 보였던 것이었다. 그전까지 수박 겉핥기도 못 해보고 꼭지만 보고 있었던 느낌이었다. 책임 연구원은 수박을 갈라 그 안에 내용을 맛보게 해줬다. 혼자 했으면 며칠 끙끙거렸을 일을 단번에 속시원히 해결했다. 그 이후로도 책임 연구원에게 수시로 물어보며 일에 박차를 가할 수 있었다. 그것을 계기로 그 책임 연구원과 친해질 수 있었고, 이직한 뒤에도 지금까지 연락하며 좋은 관계를 유지하고 있다.

회사 일을 하다 보면 어려움을 겪을 때가 많다. 예산을 확보하지 못하거나, 타 부서의 협조를 구하지 못한다거나, 일정이 촉박해서 도무지 혼자 힘으로는 해결하지 못하는 경우가 있다. 이런 경우에는 도움을 받아야 한다. 그러나 내 눈빛만 보고도 도움을 줄 수 있을 만큼 회사는 한가한 곳이 아니다. 사람들은 능력이 부족한 사람으로 비칠까 봐, 나약해 보일까 봐 도움을 요청하는 것을 주저한다.

물에 빠졌으면 살려달라고 외쳐야 한다. 그것이 부끄러운 것이 아니라 당연한 행동이다. 도와달라고 요청만 할 줄 알아도 성과를 낼 수 있다. 도움을 요청하는 것은 상사와 동료의 지혜를 받아들이려는 마음가짐이다. 순간의 부끄러움을 이기지 못해 아는 척을 한다면 그 순간부터는 아무도 가르쳐주지 않는다. 성장 자체가 멈춰버리는 것이다. 모르면 모른다고 솔직히 인정하는 사람은 솔직해 보이고 믿음이 간다. 벼는 익을수록 고개를 숙이는 것이 아니라, 고개를 미리 숙여서 빨리 익는다. 고개를 먼저 숙여 도움을 요청할 수 있는 용기 있는 사람이 되어야 한다.

회사에서의 예의란 실수를 했으면 솔직하게 인정하고, 먼저 고개를 숙여 도움을 요청할 줄 아는 태도이다. 여기에는 용기가 필요하고, 그런 사람은 멋있다. 이것은 상사와 동료를 대하는 예의이자 내 일에 대한 예의이다. 나도 잘 모르겠는데 대충 하고 넘어가자는 태도는 내 일에 대한 예의가 아니다. 이는 곧 나 자신에게 예의를 지키지 않는 것과 동일하다.

다른 부서의 담당자에게 도와달라고 해라. 경험이 많은 상사에게 조언을 구하라. 타인의 말을 열린 마음으로 들어라. 아낌없이 다른 사람에게 도움을 요청하는 것은 능력이 없는 것이 아니라 성과를 만들 줄 안다는 증거이다. 실수하면 죄송하다고, 모르면 알려달라고 요청할 수 있는 용기를 가지자. 이런 과정을 통해 직장에서 남들보다 더 빠르게 성장할 수 있을 것이다.

# 회사의 톱니바퀴가 되지 말고, 엔진이 되라

> 기획하는 대로 문제를 대응하지 않으면,
> 닥치는 문제만 해결하다가 하루가 끝난다.

"점심에 뭘 먹을까?"

직장인들이 매일 하는 고민 중의 하나는 점심 메뉴를 고르는 것이다. 사내 식당을 이용할지 밖에 나가서 먹을지 매일 선택의 기로에 서 있다. 나가서 먹는다면 어떤 메뉴를 고를지 많은 선택지 중에 결정해야 한다. 고민하는 것이 힘들지만 그렇다고 아무거나 먹을 수도 없는 노릇이다.

점심 메뉴를 선택하는 고민 속에 '기획'이 숨어 있다. 배고픔은 '현상과 문제점'이고, 맛있는 음식을 먹고 싶다는 욕구는 '목적'이다. 현재의 '문제점'(배고픔)과 '목적'(맛있는 음식을 먹고 싶어)의 간격을 메꾸는 것이 바로 기획이다. 그렇다고 최고급 호텔에서 내 월급보다 많은 돈을 주고 간격을 좁힐 수는 없다. 점심시간은 보통 1시간이다. 한정된 예산과 시간으로 최적의 방안을 찾는 것이 핵심이다. 요즘에는 집단 바이러스 감염의 위험이 있어 사람이 많은 곳은 피해야 한다는 외부의 환경 변화도 고려해야 한다.

직장인들이 어려워하는 것 중에 가장 힘든 부분은 바로 '기획'이다. 기획으로 성공하는 직원이 있는 반면, 기획을 못 해 힘들어하는 직원들이 많다. 마케팅, 영업 등 꼭 거창한 것이 아니더라도 직장인이라면 일상적으로 크고 작은 기획을 한다. 예를 들어 직원들과 워크숍을 준비하는 것도 일종의 기획이다. 의견 수렴을 해서 적당한 장소와 시간을 정해야 하고, 어떤 활동을 할 것인지 치밀하게 고민해야 한다. 정해진 예산 범위 안에서 최대 효과를 내기 위해 식사 장소, 이동 수단과 경로, 인원, 숙소 등을 고려해야 한다.

회사 내에서뿐만 아니라 일상생활 속에서도 기획을 한다. 여행 계획이라면 언제 어디로 얼마의 예산으로 갈지 정한다. 여기서 무작정 계획을 세우지는 않는다. 취향에 따라 달라진다. 다양한 경험을 중시한다면 배낭여행, 편안하게 쉬고 싶다면 휴양지를, 아이들과 함께하는 여행이라면 아동이 즐길 수 있는 여행지를 선택할 것이다. 같은 여행 계획이라 하더라도 목적에 맞게 방향이 달라지는 것이다.

이렇듯 목적에 따라 접근하는 방식은 여러 가지가 있다. 특히 회사에서 기획은 단순히 '좋은 방법'이 아니라 한정된 자원(예산, 시간, 인력)으로 '최적의 방법'을 필요로 한다. 아무리 멋진 기획을 하더라도 그 방법을 선택한 이유, 더 나은 방법은 없는지, 외부 환경 변화는 없는지 설명할 수 있어야 한다. 단순히 "남들이 그렇게 하니까.", "상사가 시켜서.", "책에 나와 있으니까."라는 식은 다른 사람을 설득할 수 없다.

그들을 설득할 수 있어야 행동하게 만들 수 있다. 상사를 설득하여 예산 확보에 승인을 받거나, 다른 부서의 협조를 받거나, 인력을 충원할 수 있다. 기획의 가장 큰 매력이 바로 이것이다. 아무리 말해도 '꿈적' 안 하는 사람들을 내 의도대로 움직일 수 있다는 것이다. 내 기획대로 하면 비용이 절감되고, 일의 효율이 늘어나고, 고객의 구매를 늘릴 수 있다는데 거절할 이유가 없다. 다시 말해 기획은 다른 사람을 설득하고, 행동하게 만드는 아주 세련된 방식이다. 그렇다면 기획을 잘하려면 어떻게 해야 할까?

첫째, 일의 진짜 목적(왜)을 찾아야 한다. 대부분 지시를 받으면 PC의 문서를 연다. 동료에게 비슷한 자료를 받아 내용을 하나씩 채워나간다. 대략 모양새가 갖춰지는 것 같지만 별다른 내용은 없다. 중간중간 전화를 받고, 회의에 소집되고, 급한 업무들을 처리하다 보면 자꾸 집중이 흐트러진다. 정신을 가다듬고 오타와 줄 간격에 이상이 없는지 확인 후 보고하러 간다. 우리에게 익숙한 패턴이다. 그러나 이렇게 만든 기획은 모래 위의 성과 같다. '툭' 치면 부스러질 것처럼 아슬아슬하다. 왜 이것을 하는지, 이 방법이 최선인지, 다른 대안은 없는지, 적정한 비용인지 등 쏟아지는 질문에 '버벅'거리다 보면 정신이 반쯤 나간 상태로 다시 자리로 돌아오게 된다.

진짜 목적이란 숨겨진 욕망을 의미한다. 이것은 '외적 욕망'과 '내적 욕망'으로 분리된다. '외적 욕망'은 지시받은 일 주변의 욕망이다. 회사의 사정이 좋지 않아서 비용에 민감한 분위기에서 큰 비용이 발생하는 기획을 했다면 아무리 내용이 좋아도 통과하기 어렵기 때문이다. 이런 경우는 비용 절감과 효율성 증가로 방향을 잡은 기획이 통과할 확률이 높다.

'내적 욕망'은 일 자체의 욕망이다. 교육에 대한 일을 지시받았다면 교육을 '왜' 해야 하는지 고민해야 한다. 회사는 왜 직원을 교육하려고 하는지, 직원 교육을 통해 무엇을 얻을 수 있는지, 직원은 정말로 기존의 교육을 원하고 있는지, 직원 이외에 함께 일하는 협력사도 대상에 포함시켜야 할지 고민하는 것이다. 고민에 고민을 거듭할수록 교육을 왜 해야 하는지 방향을 잡을 수 있을 것이다. 회사의 성장을 위해서라면 빅데이터 분석, AI 기술 등의 교육 과정을 만들 수 있을 것이다. 직원의 행복이 목적이라면 취미와 관련한 사진 촬영, 꽃꽂이, 음악 교실 등을 만들 수 있다. 목적에 따라 전혀 다른 방향으로 일을 진행해야 하는 것이다.

일하면서 수시로 '왜'를 떠올리다 보면 방향이 흐트러지지 않고 깊이 있는 기획을 할 수 있다. 그러면 이 일에 대한 중요성을 누구보다도 절실히 깨닫게 된다. 내 일에 의미를 찾게 되면 더 몰입하게 되고, 책임감은 더 커진다.


둘째, 무엇을 해야 하는지 분명히 보여줘야 한다. 통과하지 못한 보고서를 보면 공통점이 있다. 방법에 대한 구체성이 부족하다. 현황 분석은 각종 통계와 설문조사를 통해 화려하게 한다. 그러나 무엇을 하겠다는 것인지 보이지 않는다. 극단적인 예를 들어 이런 식이다. "4차 산업혁명을 대비하기 위한 체계적인 개선 방안 필요." 우물에서 물을 떠오라고 시켰더니 '정말 지금 물이 필요하네요.'라는 느낌이다. 기획에는 늘 구체적인 핵심 방법이 있어야 한다.

셋째, 분리하고 묶어서 단순화한다. 복잡한 문제일수록 해결 방법을 찾는 것은 어렵다. 저자의 경우도 어디서부터 실타래를 풀어야 할지 막막한 적이 여러 번 있었다. 이럴수록 작게 쪼개는 것이 중요하다. 그러면 우리의 뇌는 덜 힘들어 할 것이고, 일을 시작하는 것이 부담스럽지 않게 된다. 책을 한 번에 여러 권 들면 무겁지만 나눠서 들면 가볍게 옮길 수 있는 것과 같은 이치다. 1~10번까지가 문제라면 당장 할 수 있는 1~5번, 비용이 들어가는 6~10번을 분리하는 것이다. 그래서 1~5번까지는 1차, 6~10번까지는 2차로 일정을 나눠 작업을 하면 훨씬 수월할 것이다. 다음은 폭식하는 것을 예를 들어 단순화하는 방법을 살펴보자.

'점심에 자꾸 폭식을 하게 돼. 왜? 아침을 안 먹었어. 스트레스를 받으면 단것을 먹어야 돼. 왜? 아침은 항상 시간이 빠듯해. 일이 많아서 스트레스 받았어. 왜? 어제 드라마 몰아서 보느라 늦게 잤어. 요즘 일이 계속 쌓이고 줄지를 않아. 왜? 드라마 말고는 삶에 낙이 없어. 전화가 많이 와서 단순 대응하느라 시간이 부족해.'

왜를 4번 정도 하니 두 가지 문제점과 실현 가능한 방법을 찾을 수 있다. 문제점은 드라마 시청으로 인한 수면 부족, 단순 대응 때문에 생긴 업무 누적이다. 해결 방법으로는 주말에만 드라마를 시청하고, 평일 퇴근 후에는 다른 활동을 하는 것이다. 또한 단순 대응을 해결하기 위해 매뉴얼을 제작해서 배포하고, 필요에 따라 시스템을 자동화하거나 업무 분장을 다시 할 수 있을 것이다. 쪼개다 보면 문제가 단순해지고 논리적으로 명확한 방법이 보이기 시작한다.

직장인들은 눈앞에 닥친 문제만 해결하느라 많은 시간을 쏟는다. 발등에 불만 끄느라 집이 타고 있는지 알지 못하는 것이다. 회사 내 구조적, 기술적인 여러 가지 문제가 요인일 수 있다. 그러나 기획하는 대로 문제에 대응하지 않으면, 닥치는 문제만 해결하다가 하루가 끝난다. 단순한 업무더라도 위와 같이 기획하는 습관을 들여야 한다. 그래야 복잡한 일을 맡게 되었을 때 당황하지 않고 하나씩 풀어나갈 수 있을 것이다.

엔지니어나 개발자도 설계를 하면서 '왜'를 계속 생각하다 보면 더 좋은 아이디어나 방향을 다시 정할 수 있다. 단순히 시키는 일만 하는 사람과는 급이 다른 위치에 설 수 있는 것이다. 아무리 큰 엔진이라도 작은 부품에서 시작한다. 기획하는 습관은 당신을 톱니바퀴에서 핵심 엔진으로 성장시켜줄 것이다.

# 06

## 정말 중요한 일에만 집중하라

> **❝**
>
> 생산성은 단순히 양이 아닌
> 질을 측정하는 것이다.
>
> **❞**

정 사원은 아침에 출근하면 선배와 상사에게 인사를 했다. PC를 켜고 부팅하는 동안 오전에 먹을 물을 텀블러에 떠왔다. PC가 켜지면 메일을 쭉 확인하고, 급히 회신해줘야 하는 것들은 답변을 보냈다. 사내 게시판에 접속해 특별한 점이 없는지 확인하고, 급하게 지시 내려온 업무부터 처리했다.

해야 할 일을 메모하고 우선순위에 따라 '오늘 해야 할 일', '이번 주에 할 일'을 나누었다. 퇴근 전까지 '오늘 해야 할 일'을 끝내겠다고 생각하고 문서 파일을 열었다. 내용을 들여다보고 있으면 전화가 오고, 동료의 이슈를 함께 처리했다. 그러다 보면 점심 식사 시간이 되었다. 식사를 마치고 다시 자리로 돌아와 '오늘 해야 할 일'을 조금 정리하다 보면 회의에 소집되고, 다른 이슈들이 계속 생겼다. 얼마 뒤 퇴근 시간이 되었고, 결국 아침에 계획했던 '오늘 해야 할 일'을 끝내지 못했다는 자괴감이 들었다. 결국 야근을 하게 되었고, 정작 중요한 업무는 야간에 할 수밖에 없었다. '이번 주에 할 일'은 금요일이 되어도 완성이 되지 않아 또 다음 주로 넘어가곤 했다.

많은 직장인이 사무실에서 바쁜 하루를 보낸다. 어느 때는 화장실 갈 시간도 없고, 점심도 거른 채 일을 하기도 한다. 그리고 열심히 일했다고 나름 뿌듯해지기도 한다. 겉으로 보기에도 다들 열심히 일하는 것 같고 활력이 넘쳐 보인다. 직원들이 열정적이고 조직이 잘 운영되고 있는 것처럼 보인다. 그러나 쉬는 시간도 없이 열심히 일했지만, 성과도 없이 지치기만 한다. 바쁘게 일하는 것과 일의 생산성과는 비례하지 않기 때문이다.

일의 생산성이 높다는 것은 바쁘게 지내는 것이 아니라 '내가 계획한 일을 얼마나 이루었는가.'를 보는 것이다. 물론 당장 처리해야 하는 일들은 계속 파도처럼 밀려온다. 그래서 일은 열심히 하지만 일이 점점 늘어나는 이상한 현상이 발생한다. 일의 처리 속도보다 쌓이는 속도가 더 빠르기 때문이다. 쏟아지는 크고 작은 일들을 하나씩 처리하지 않으면 눈덩이처럼 더 커지곤 한다.

이러한 문제의 원인은 조직의 인력 구성이나 불필요한 일이 너무 많은 것이 원인일 수 있다. 일의 양에 비해 인력이 적어 제대로 일을 소화할 수 없을 때 나타난다. 또한 꼭 필요한 일이 아님에도 기존에 해왔던 일이라서 유지하는 경우도 있다. 다른 이유로는 상사의 불안한 마음에서 시작되어 새로운 성과를 계속 만들기 위해 일을 키우는 경우도 종종 있다. 이런 문제는 개인이 문제 제기를 할 수는 있지만 직접 해결하기에는 한계가 있다.

그렇다면 내가 어찌할 수 없는 것을 두고 한탄하기보다 내가 할 수 있는 일을 찾아봐야 한다. 개인적으로 할 수 있는 일은 오늘 반드시 해야 할 일이 있다면 밀려오는 일을 잠시 보류할 수도 있다. 주변에 양해를 구하고 꼭 필요한 회의가 아니면 참석하지 않거나, 중간에 나올 수 있어야 한다. 다음은 생산성을 높이고 중요한 일에 집중할 수 있는 방법이다.

첫째, 일을 천천히 해라. 역설적이게도 일의 생산성을 높이려면 일하는 속도를 늦춰야 한다. 무조건 빨리빨리는 일을 망친다. 너무 느리게 하는 것도 문제이지만 급하게 하는 것은 더 위험하다. 운전할 때 좌회전해야 할 곳에서 너무 속도를 내느라 미처 못 보고 지나칠 수 있다. 엉뚱한 고속도로에 들어서기라도 한다면 유턴도 못 하고 한참을 가야 한다. 적정 속도를 유지해야 안전하고 정확하게 더 빠른 시간 안에 목적지에 도착할 수 있다. 그러니 내가 어떻게 일을 진행하고 있는지 수시로 방향을 체크하고, 적정 속도를 유지해야 한다.

우리는 습관적으로 바쁘게 일하는 것을 경계해야 한다. 중간 점검을 하듯이 내가 어떻게 일을 하고 있는지 객관적으로 바라볼 필요가 있다. 너무 열심히 달리다 보면 지금 왜 달리고 있는지 잊어버릴 때가 있기 때문이다. 꾸준히 달리고 싶다면 지금 왜 발을 뻗어야 하는지 의식해야 한다. 일을 하면서 전화 받고, 회의하고, 업무 보고하고, 이슈 사항 처리 등 바쁘다 보면 지금 일에 대한 방향을 놓칠 수 있다. 일의 적절한 속도 유지는 번아웃 되지 않고 지속적으로 일을 해나갈 수 있다는 장점도 가지고 있다.

둘째, 마감일을 정해라. 상사에 의해 마감일이 정해질 수도 있고, 자신이 결정하여 일정을 조정하는 경우가 있다. 어찌 되었든 마감일은 중요하다. 마감일은 무서울 정도로 집중력을 키워준다. 시험 전날 손오공처럼 초사이어인이 되어서 몇 배의 능력을 발휘하는 것처럼 말이다. 평소에 놀기만 하다가 리포트 제출 하루를 남겨놓고 밤을 새운 적이 있는가? 이때는 그전까지 하지 못했던 많은 일을 하곤 한다. 마감일이 정해져 있으면 마음에 부담이 되고 빨리 끝내고 싶다는 욕구가 생긴다. 마감일은 정신이 산만해지거나 다른 것들이 신경 쓰이지 않게 중심을 잡아줄 것이다.

셋째, 완성도보다 기한에 집중해라. 일을 못 하는 사람은 여러 원인이 있겠지만 가장 큰 요인은 완성도에 집중한다는 것이다. 완성도에 집중하다 보니 생각했던 일정보다 더 많은 시간이 필요하고 정해진 기한을 넘긴다. 나 또한 완성도에 집중하다 기한을 여러 번 넘겨 난감했던 적이 많았다. 회사에서 100%는 존재하지 않는다.

일 잘하는 사람들을 관찰해보니 공통점을 발견했다. 그들은 완성도보다는 기한을 지키는 것에 집중하고 있었다. 죽이 되든 밥이 되든 기한 내에 결과물을 일단 만들고, 그 이후 협의를 통해 수정하는 전략을 취하고 있었다. 이 방법은 아주 효과적이었다. 기한 내에 제출하면 신뢰도가 쌓인다. 다소 미흡해도 수정하며 완성할 수 있으니 일 잘하는 사람으로 평가받는 것이다. 시간이 지날수록 상황이 바뀌고, 상사의 생각이 바뀐다. 보고는 타이밍이다. 사랑도 일도 타이밍이 중요하다. 그러니 작은 것에 집중해서 큰 것을 놓치지 말자.

넷째, 일의 우선순위를 정해라. 해야 할 일이 너무 많을 때는 어느 것부터 시작해야 할지 막막할 때가 있다. 이것 조금 저것 조금 하다 보면 어느 것도 제대로 끝내지 못하고 우왕좌왕하게 된다. 하나를 하더라도 제대로 해야 한다. 돋보기로 빛을 한곳에 모아야 불이 붙듯이 우리의 에너지도 한곳에 초점을 맞춰야 하는 것이다. 해야 할 일을 쭉 적어보고 일의 우선순위를 분류해본다. 그리고 오늘 반드시 해야 할 일은 따로 표시를 해두어 일하는 중간중간 계속 확인을 해보는 것이다. 그러면 무엇을 해야 할지 계속 의식하게 되고 집중력이 올라간다. 닥치는 대로 일해서는 절대 집중력을 발휘할 수 없다.

생산성을 높이는 것은 단순히 많이 일하는 것이 아니다. 업무 시간을 늘리거나 일의 양을 늘리는 것이 아닌 것이다. 가장 가치 있고 의미 있는 일이 무엇인가를 먼저 따져야 한다. 생산성은 단순히 양이 아닌 질을 측정하는 것이다. 회사에서 문서 작성을 마무리하고 협력사와 미팅한 뒤, 사랑하는 사람과 시간을 보내기로 계획하고 실행했다면 그것은 생산적인 하루인 것이다. 휴가를 쓰고 하루 동안 아무 걱정 없이 계획대로 휴식을 취했다면 이것 또한 완벽하게 생산적인 하루를 보낸 것이다.

누구나 생산적인 사람이 되고 싶어 하고 인생의 변화를 기대한다. 하지만 이것을 행동하는 사람은 많지 않다. 그러므로 내가 생산적이어야만 하는 절실한 이유를 찾아야 한다. 그래야 동기 부여에 도움이 된다. 나에게 정말 중요한 일은 무엇인가? 그리고 하루를 마치고 잠들기 전에 스스로 질문을 던져보라. 나는 오늘 계획한 일을 모두 해냈는가?

# 07

## 열심히 하지 말고 제대로 일하라

> 66
> 회사에서 겪는 시련은 셀프다.
> 그 누구도 대신해줄 수 없다.
> 99

"아니 이걸 보고서라고 쓴 거야? 일 지시한 지가 언제인데 지금 가지고 왔어? 응? 그리고 이걸 나보고 보라는 거야 말라는 거야? 뭐가 이렇게 복잡해? 요약해서 다시 가져와!"

김 대리는 보고서를 퇴짜 맞았다. 며칠간 야근하며 정성스럽게 쓴 보고서였다. 팀장이 처음 업무 지시를 할 때는 그리 큰일이 아니라는 식으로 '툭' 던지는 느낌이었다. 김 대리는 성실한 직원이었기 때문에 팀장이 만족할 수 있는 기획안을 올리고 싶었다. 진행 중인 업무가 있었지만 틈틈이 인터넷을 뒤져 자료 조사를 했다. 김 대리는 이 정도 업무라면 일주일 뒤에 보고해야겠다고 생각했다. 모호한 부분이 있었지만, 팀장이 바쁜 것 같아 물어보지 않았다. 까칠한 성격의 팀장이 자주 '버럭' 하기 때문에 되도록 피하고 싶은 심리도 한몫했다. 중간에 팀장이 진행 상황을 물어보았지만, 자료 조사 중이라고만 대답했다.

　김 대리는 며칠간 야근을 하면서 방대한 자료를 조사하고, 깔끔하게 보고서를 작성했다. 이 정도면 자신의 능력을 인정받고, 팀장도 흡족해하리라 생각했다. 그러나 결과는 참담했다. 정확한 피드백도 받지 못한 채 실컷 욕만 먹고 다시 자리로 돌아와야 했다. 김 대리는 분하고 억울했다. 그렇게 몇 번 퇴짜를 맞고 난 뒤 올해는 예산이 없으니 내년에 다시 검토해보자는 말만 듣고 마무리되었다. 고생해서 예쁜 쓰레기를 만든 셈이었다. 성격이 쾌활했던 김 대리는 이런 일이 반복될수록 말수가 줄어들었다. 일에 대한 의욕을 잃은 채 '어차피 욕먹으니 대충 하자'는 심리가 깔리게 되었다.


　처음 입사해서 밝은 성격의 직원들이 시간이 갈수록 의욕을 잃고 좌절한다. 이처럼 직장 내에서 상사와 부하 직원 간 소통의 부재로 큰 손실이 일어난다. 상사의 모호한 업무 지시도 한몫한다. 왜 이 일을 해야 하고, 최종 보고받는 자는 누구이고, 언제까지 해야 하는지 아무 말 없이 ○○건에 대한 보고서를 작성해오라는 식이다.

문제는 직원에게도 있다. '무엇을 좋아할지 몰라서 다 준비했어.' 식으로 나오면 비싼 인력의 시간만 낭비할 뿐이다. 정확히 짚고 넘어가야 하는 부분이 있으면 상대가 호랑이라도 찾아가야 한다. 이런 소통의 부재로 발생하는 손해는 모두 회사가 떠안아야 한다. 그래서 많은 기업에서 소통을 위한 활동을 강조하지만 "우리 이제 소통해봅시다."라는 말 자체가 소통을 어렵게 만든다. 위의 사례에서 다양한 문제가 있지만 가장 큰 요인은 소통 방식과 업무 방식이다. 문제를 하나씩 쪼개서 제대로 일하는 방법을 아래와 같이 소개하겠다.

첫째, 업무의 소통은 아래에서 위로해야 한다. 위 사례에서 소통 방식은 위에서 아래로 이어졌다. 상사가 지시사항을 전달하고 시킨 일을 잘하고 있는지 중간에 확인하는 방식이었다. 그리고 결과물을 가져오면 검토하고 수정했다. 이런 방식은 상사와 팀원 모두 답답하고 분위기가 딱딱해진다. 상사가 시킨 일을 잘하고 있는지 감시하는 것이 전부다. 일을 부드럽게 진행시키려면 그 반대여야 한다. 팀원은 진행 상황을 스포츠 중계하듯이 수시로 보고해야 한다. 모호한 부분은 상의하고 특이한 사항은 중간 보고를 해야 한다. 중요한 것은 시킨 일을 잊어버리지 않고 제대로 진행하고 있음을 보여줘야 한다. 상사를 불안하지 않게 하는 것이 핵심이다. 가끔은 알아서 하라는 상사도 있지만 상의하는 횟수를 조절하면 된다.

권투에서 한 번 크게 휘두르는 펀치보다 작은 잽을 여러 번 날려 승리하는 경우와 비슷하다. 지속적인 소통을 통해 상사도 해당 내용에 익숙해지게 된다. 이렇게 나온 결과물은 상사도 함께 관여했기 때문에 무사히 통과할 확률이 높다. 상향식 소통을 위해서는 상사의 역할도 중요하다. 팀원들이 쉽게 다가갈 수 있도록 분위기를 부드럽게 만드는 연습이 필요하다.

둘째, 업무 지시를 받으면 3~5시간 안에 구두로 보고한다. 대부분의 직원은 일이 주어지면 빈 문서를 열어 무작정 일을 시작한다. 처음에는 인터넷을 검색하고 참고 자료를 구한다. 타 부서나 거래처에 연락해서 현황을 파악하고 정리한다. 일주일 걸리는 일이면 마지막 하루 이틀 동안 보고서를 작성한다. 그리고 자신의 보고서와 상사가 원했던 방향이 다르다는 것을 발견하고 처음부터 다시 시작하는 경우를 많이 보았다.

불필요한 일을 줄이려면 '왜' 이 일을 해야 하는지 목적부터 생각해야 한다. 인사, 노무, 구매, 재무, 행정, IT, 보안, 경영, 마케팅, 홍보, 엔지니어 등 모든 분야에 공통적인 사항이다. 분명 지시한 이유가 있을 것이고, 그 안에 숨겨진 목적을 고민해야 한다.

홈페이지 구축을 기획하라는 지시를 받았다고 가정해보자. 왜 홈페이지를 만들어야 할까? 경쟁사에서 만들었으니까? 기존 홈페이지는 오래되어서? 홍보를 위해서? 몇 단계 더 깊게 생각해야 한다. 반드시 필요한 일인가? 왜 지금인가? 내년에 하면 안 되는가? 홈페이지를 통해서 무엇을 보여주고 싶은가? 누가 홈페이지에 방문하는가? 그들은 무엇을 원하는가? 홈페이지를 본 사람들에게 어떤 이미지를 각인시켜 주고 싶은가? 예산은 얼마인가? 비용 대비 최적의 효과를 내기 위해서는 어느 선까지 만들어야 할까? 제작 업체는 어디로 해야 할까? 다른 업체는 없는가? 등 생각나는 대로 적어보는 것이다.

어느 정도 메모를 했으면 보고서에 무슨 내용을 담을지 정리해본다. 자료 조사를 하기 전 할 수 있는 만큼 정리하는 것이 핵심이다. 3~5시간 동안 내용을 정리한 뒤 상사에게 구두 보고를 한다.

"이번 일의 목적은 이러이러한 것이라고 생각합니다. 작년도 현황을 조사하고 올해 목표를 넣어서 이런 요소들을 구체화시킨 후 다음 주 화요일까지 보고하겠습니다."

"작년 현황은 빼고, 경쟁사 현황 자료를 추가로 넣으세요."

상사는 직원이 생각지 못한 다른 목적이나 내용을 알려줄 수도 있고, 오케이 하고 넘어갈 수도 있다. 사전에 조율하고 진행 방향을 함께 정해야 시간을 절약할 수 있다. 소위 삽질을 하지 않아도 되는 것이다. 내가 놀지 않고 어떤 일을 하는지 상사에게 알려줄 수 있는 효과도 있다.

셋째, 지식의 저주에서 벗어나라. 요즘에는 정보가 넘쳐나는 시대이다. 검색만 잘하면 나와 비슷한 고민을 한 사람들의 결과물을 손쉽게 얻을 수 있다. 가끔은 양질의 자료를 입수해서 시간을 많이 단축할수도 있다. 재료가 신선해야 맛있는 음식을 요리할 수 있듯이 좋은 자료는 계획의 깊이를 도와준다. 그러나 너무 많은 정보를 조사하다 보면 일의 초점이 흐릿해진다. 조사해야 할 핵심 내용만 찾으면 되는데 다른 요소들의 자료를 보다 보면 내가 무엇을 하려고 했는지 방향을 잃고, 시간만 허비하게 된다. 단순한 자료 조사를 할 뿐이지만 열심히 일하고 있다는 착각을 불러오기도 한다. 그러니 지나친 자료 조사는 경계해야 한다.

직장인은 회사에서 많은 시간을 보낸다. 그렇게 많은 시간을 차지하는 일이 괴롭다면 전체적인 삶의 만족도는 떨어질 수밖에 없다. 보고서는 상사에게 난도질당하고, 자주 의욕이 없어진다면 퇴근 후 취미 생활이 만족스럽다 한들 무슨 소용이 있겠는가? 물론 퇴근 후 시간을 어떻게 보내야 할지 고민은 필요하다. 하지만 그만큼 회사에서 삽질하지 않고 제대로 일하며 성장하는 법에 대한 고민이 더 필요하다.

회사에서 겪는 시련은 셀프다. 그 누구도 대신해줄 수 없다. 피하지 않고 정면 돌파해야 다음 단계로 성장할 수 있다. 유능한 직원들이 열심히 일은 하지만 빛을 발휘하지 못하는 안타까운 경우를 많이 보아왔다. 그러니 더 이상 열심히만 하지 말고 제대로 일하는 방법을 터득해서 퇴근 전과 후의 시간을 행복하게 보내보자.

# 08

## 게으르고 현명하게 최고의 결과를 만들어라

> 66
>
> '더 이상 업무에 '끌려다니지' 말고,
> 성과를 '데리고' 다니는 성장하는 내가 되어보자.
>
> 99

이 대리는 매일매일 분주하게 일했다. 부서 내 온갖 잡일을 도맡았고, 상사가 시키는 업무를 열심히 했다. 그러나 상사는 도대체 이 대리가 무슨 일을 하고 있는지 모르겠다며 답답해했다. 가지고 오는 결과물도 썩 마음에 들지 않았다. 그러다 평가 시즌이 다가왔다. 각자 1년 동안의 성과를 제출하라는 지시를 받았다. 이 대리는 1년 동안 바쁘게 일했지만, 마땅히 쓸 내용이 없었다. 불안한 마음에 소소한 업무 결과를 잔뜩 써놓고 성과로 제출했다.

반대로 김 대리는 평소 바빠 보이지 않고 여유 있어 보였다. 지시받은 업무를 하면서 그 일에 파생되는 일에도 관심을 보였다. 자리에 오래 앉아 있지 않은 것 같은데 결과를 만들어 수시로 상사에게 보고했다. 1년 동안의 성과를 제출할 때는 굵직한 성과를 간략하게 적었다. 평소 상사에게 인정받고 동료들의 신뢰도 높았다. 이 둘의 차이점은 무엇일까?

종일 분주하게 일하지만 그다지 '성과를 못 내는 직원'이 있다. 성과를 못 내는 직원은 미숙한 의사와 비슷하다. 환자에게 병이 생긴 원인을 찾기 위해 피 검사, X-ray, MRI 등 다양한 검사를 하지 않고 진통제와 반창고만 주는 식이다. 당장 병을 고치기는 한 것 같지만 얼마 뒤 병이 재발한다. 이런 부류는 항상 일이 많다고 한다. 일이 많아서 많다고 하겠지만 줄이기 위한 고민에는 소홀하다. 문제가 생기면 일단 마무리짓는 것에만 집중하기 때문이다. 그래서 계속 비슷한 문제가 생겨 손이 자주 간다. 단순하고 반복적인 업무를 하고 있으면 열심히 일하고 있다는 느낌에 뿌듯함을 느낀다. 회사에 반드시 필요한 존재라고 느껴지기 때문이다.

분명히 이런 문제는 직원 혼자만의 문제는 아니다. 잘못된 의사결정, 구조적인 문제 등 많은 이유 때문에 단순하고 반복적인 업무로 직원이 고통받는다. 자의든 타의든 바쁜 업무로 시간을 많이 할애하지만 성과로 이어지지 않는다. 회사 입장에서도 손해인 것이다.

여유 있게 '성과를 내는 직원'은 게으르다. 단순히 게으른 것이 아니라 현명하게 게으르다. 내가 하기 싫은 일이 있다면 자동화시키고 업무의 양을 줄이는 방향으로 일을 추진하는 것이다. 일주일에 5시간을 투입해야 하는 반복적인 업무가 있다고 가정해보자. 게으르고 현명한 사람은 반복적인 업무 5시간을 줄이기 위해 10시간을 자동화하는 일에 시간을 할애한다. 당장에는 손해인 것 같지만 자동화시키면 그 이후에는 5시간이 아닌 5분이면 해결된다.

현명하게 게으른 사람은 문제가 발생하면 그때그때 처리하고 지나치지 않는다. 스팟성 업무를 하더라도 문제의 원인을 찾아 근본 문제를 해결하려 한다. 회사의 기준을 개정하고, 일하는 과정을 프로세스로 정의한다. 시간이 좀 걸리더라도 문서화시켜 주변 동료와 상사를 이해시킨다. 그래서 같은 이유로 다시 손이 가지 않도록 깔끔하게 마무리짓는다. 성실해서가 아니라 그 일을 또 하기 귀찮기 때문이다. 의

사로 치면 병을 고치는 것뿐만 아니라 예방까지 해주는 역할을 하는 것이다. 환자가 병이 재발해서 오는 것을 용납하지 않는다.

　박 과장은 조용한 성격에 성과도 잘 내는 직원이었다. 성실하게 하나씩 일을 해치우며 부서 내에서도 제법 인정을 받고 있었다. 어느 날 같은 부서 내 유 과장에게 업무 협조를 위해 찾아갔다.

　"과장님. A 관련 자료 있으시죠? 이번 업무에 그 자료가 필요한데 전달 좀 해주시겠어요?"

　"제가 왜 그 자료를 전달해줘야 하죠?"

　"지금 그 프로젝트를 진행 중이시잖아요."

　"나한테는 지금 없고, 시스템에서 내려받아야 하는데요."

　"그럼 제가 시스템 권한이 없어서 그러는데 다운로드 해서 주시겠어요?"

　"그 자료가 왜 필요하죠? 어디에 사용할 건데요?"

　"제가 지금 하고 있는 이런저런 계획에 그 자료가 필요해서 참고하려고 하거든요."

　"굳이 그 자료가 필요한가? 내가 지금 그거 할 시간 없는데. 일단 왜

필요하고 어디에 쓰일 것이지 정리해서 메일로 주세요. 아! 참. 양식
도 같이 정리해주세요."

"하⋯."

박 과장은 허탈한 마음으로 다시 자리로 돌아왔다. 업무를 빨리 진
행하기 위해 자료 요청을 했던 것이었다. 그런데 그 자료가 왜 필요하
고 어디에 쓰일 것인지 설명하느라 시간만 더 지체되었다. 얻은 것도
없었다. '그럴 거면 내가 하고 말지. 뭣 하러 달라고 그랬겠어?' 박 과
장은 분을 삭이며 시스템 권한을 받아서 자료를 직접 내려받았다. 장
시간 설명해주고, 권한을 받아서 열람하기까지 많은 시간을 낭비만
한 것이었다.

일하다 보면 암 유발자들을 종종 보게 된다. 업무 요청을 하면 여러
가지 조건을 다 갖춰달라고 오히려 나에게 다시 요청한다. 밥상을 차
려주는 것도 모자라 입에 밥을 떠먹여줘야 그때야 씹어보겠다는 태도
다. 물론 자신의 업무가 바쁘다 보니 다른 업무에 시간을 뺏기기 싫어
그럴 수 있다. 그렇지만 정도가 심하면 주변의 신뢰를 잃어버린다. 주
변 동료들의 업무도 같이 협조하는 것이 직원의 일이기 때문이다.

'일 못하는 직원'은 자원, 인력, 정보가 부족하다고 상황을 탓한다. 그래서 최적의 상황이 올 때까지 행동하지 않는다. 상황이 좋아지면 그때 검토해보겠다고 하는 것이다. 누군가가 조건을 다 갖춰주면 그때 움직이려고 한다. 그러나 모든 조건이 갖추어져 있는 회사는 없다. 완벽한 조건에 있다면 굳이 내가 필요하지도 않다.

'일 잘하는 직원'은 상황을 탓하는 대신 해결 방법을 찾는다. 부족한 조건과 상황 속에서도 문제를 해결해나가는 것이다. 안 되는 이유보다 되는 방법을 찾는다. 자원이 부족하면 현재 조건에서 대체할 수 있는 방법을 찾고, 인력이 부족하면 일을 줄이고 단순화시킨다. 정보가 부족하면 전문가에게 조언을 구해 쉽고 빠른 길을 찾는다. 이런 과정을 통해 어떻게든 결과를 만들어낸다.

"내가 왜 그렇게까지 해야 해요? 어차피 월급 받는 것은 똑같은데. 받은 만큼만 일하면 안 되나요?"

이렇게 생각할 수도 있겠다. 당연히 월급 받은 만큼만 일해도 된다. 자신의 선택이 그러하다면 말이다. 그러나 현재 월급 이상 받기에는 한계가 보일 것이다. 무엇보다 일을 잘하기 위한 노력은 '회사를 위한 것'이 아니라 '나를 위한 것'이다. 문제를 해결해나가는 과정 속에서 성장할 수 있고, 그것은 성공의 바탕이 되기 때문이다.

많은 직장인의 문제는 조직을 떠났을 때 경쟁력이 부족하다는 것이다. 시키는 일만 해왔기 때문에 조직을 떠나면 생존 능력이 떨어진다. 조직의 울타리를 떠나면 개인은 한없이 약한 존재가 된다. 회사 울타리 안에서 만족하지 말아야 한다. 지금 몸 담고 있는 회사의 브랜드 스티커가 나에게서 떼어졌을 때 나의 경쟁력은 어느 정도인가? 시장에서 과연 가치를 인정받을 수 있는가? 냉정하게 따져야 한다.

다양한 사람들이 모여 있는 조직에서 스트레스받지 않고 일하기는 쉽지 않다. 그러나 조금이라도 즐겁게 일하기 위해서는 최대한 게으르고 현명하게 일해야 한다. 그러다 보면 어느 순간 눈부시게 성장한 자신을 발견할 수 있을 것이다. 더 이상 업무에 '끌려다니지' 말고, 성과를 '데리고' 다니는 성장하는 내가 되어보자.

# Chapter 5 : 성장

지금부터

원하는 인생을

시작할 시간이다

# 01

## 남의 눈치만 보느라 나를 잃어버린 시간들

> 66
> 세상에 그 누구도 내게 어떤 사람이 되라고
> 강요할 권리는 없다.
> 99

아침에 출근해서 업무를 보고 있는데 동기가 다가왔다. 국내 대기업에서 경력직을 뽑고 있는데 관심 있으면 지원해보라고 하는 것이었다. 안 그래도 5년 동안 맡고 있던 업무에 익숙해져서 새로운 활력을 찾고 있던 참이었다. 동기 자신은 경력이 부족해 지원을 못 하고, 내이전 직장에서부터의 경력이면 가능할 것 같다고 했다.

혹시나 하고 이력서를 보냈는데 며칠 뒤 면접을 보러 오라는 연락을 받았다. 면접을 보기 위해 오랜만에 정장도 하나 구입했다. 하루 휴가를 내고 면접을 보러 갔다. 오랜만에 보는 면접이라 떨리는 마음으로 회사에 도착했다. 담당자의 안내에 따라 대기실에 들어서니 이미 몇 명 사람들이 앉아 있었다. 내가 제일 나이가 어린 것 같았고, 왜인지 모르게 다들 전문가의 기운이 흐르고 있었다. 그래서인지 큰 기대를 하지 않고, 편안한 마음으로 면접실에 들어갔다. 그동안 공부했던 것과 경험을 이야기했고, 면접관의 질문에 모르는 것은 모른다고 솔직하게 답변했다.

그렇게 면접이 끝나고 큰 기대는 하지 않고 회사 생활을 이어나갔다. 그런데 며칠 뒤 합격 메일을 받았다. 내가 글을 잘못 읽은 것인지 계속 읽고 또 읽었다. 분명 "합격"이었다. 그 사람들을 제치고 내가 합격했다는 것이 신기했다. 마음을 내려놓고 편안하게 면접을 보았던 것이 오히려 좋은 인상을 주었던 것이었다. 곧장 아버지께 전화했다. 아버지는 무척 기뻐하시며 친척들에게 일일이 전화로 자랑을 하셨다. 아버지에게 자랑스러운 아들이 된 것 같아 뿌듯했다.

그러나 회사를 옮기는 것은 쉬운 일이 아니었다. 새로운 환경, 업무, 문화, 사람에 익숙해져야 했기 때문이다. 마음 한편으로는 빨리 적응하고 인정받고 싶었다. 이직한 회사의 직원들은 서로 너무 친해 보였고, 나도 얼른 그 속에 스며들길 원했기 때문이다. 인정받고 싶은 욕구와 소속감을 느끼고 싶은 마음은 내게 조급함을 안겼다. 빨리 안정을 찾고 싶어 활발한 척을 했다. 업무에 적극적인 척, 회식 자리에서 술을 잘 마시는 척, 생각이 깊은 척, 성격이 활발한 척을 했다.

내가 알고 있는 사람 중에 가장 내성적인 사람이 한 명 있다. 그것은 바로 '나'이다. 사람들 속에서는 피곤함을 느끼고, 혼자 상상하고 생각하기를 좋아했다. 이렇게 내성적인 내가 외향적인 척을 했던 것이었다. 다른 직원들은 내가 잘 해내고 있다고 했지만, 내면으로는 그렇지 못했다. 자꾸 가짜인 느낌이 들었다. 다른 사람들이 원하는 모습으로 연기를 하고 있었던 것이었다. 가면을 쓰고 하루하루를 보내니 몇 배로 힘이 들었다. 나의 본래 모습을 억누르고 연기를 하니 에너지가 고갈되는 느낌이 들었기 때문이다.

현대인은 타인이 나를 어떻게 생각할까 걱정하며 하루하루를 보낸다. 내가 어떻게 생각할지는 중요하지 않다. 타인이 나를 어떻게 바라보는지에만 신경 쓴다. '오늘 입은 옷은 어떻게 보일까', '머리 모양은 이상해 보이지 않을까', '방금 전 한 말은 실수한 것이 아닐까', '결혼을 안 한 것을 이상하게 보진 않을까', '보고서가 잘못되어서 상사는 나에게 실망한 것은 아닐까'라며 수많은 걱정을 한다.

어쩌다 이렇게 되었을까? 다른 사람들을 만족시켜주고 싶은 이유는 도대체 무엇일까? '나는 친절하게 보이고 싶다.', '나는 멋진 사람으로 보이고 싶다.', '나는 능력 있는 사람으로 인정받고 싶다.'라며 남의 인정을 바라기 때문이다. 인정받지 못하면 내가 쓸모없는 인간으로 느껴진다. 그러다 보면 다른 사람의 시선과 눈치만 보며 살아간다. 이런 인생의 평생 목적은 불행하게도 다른 사람을 만족시키는 것이며, 나를 억누르며 연기하는 것이다. 우리는 이런 인생을 바라지 않지만, 평생 눈치 보는 인생을 살고 있다.

이런 현상을 심리학적으로 가면 증후군(Imposter Syndrome)이라 한다. 능력이 있어도 자신이 똑똑하지 못하다고 느끼며, 남들을 기만하고 있다고 생각하는 현상이다. 소속에 어울리지 않는 사람으로 생각하기 때문에 자신을 끊임없이 의심한다. 남들의 동의를 얻으려 애쓰고 거부당하면 무척 힘들어한다. 가면을 쓰고 연기하며 살아가는 것은 너무 힘들다. 온갖 사람들을 만족시킬 수 없고 가능하지도 않기 때문이다. 가면은 가짜다. 가짜이기 때문에 본질을 거부하는 것이고, 다른 사람을 위해 희생하는 삶을 살게 된다. 가짜 이미지를 유지하기 위해 매일 엄청난 에너지를 쏟아부어야 하니 쉽게 지치고 무기력해진다.

솔직한 나는 가면 속에 가려진다. 특히 사회적으로 존경받는 지위와 직업을 가진 사람들일수록 불안해한다. 가면이 벗겨지고 나면 자신의 진짜 모습이 드러날지 모른다는 생각에 두려워지기 때문이다. 그동안의 노력이 다 무의미해질 것 같다. 내 진짜 모습을 들킬까 봐 무서워하고, 가면의 이미지를 지키기 위해 미친 듯이 노력한다.

　다른 사람이 나를 '이렇게 생각해 줬으면 좋겠다.'라는 기대를 버려라. 그렇다고 타인은 신경 쓰지 않고 내 마음대로 살라는 말은 아니다. 나 자신을 지키면서 타인에게 피해 주지 않는 균형을 이뤄야 한다. 더 이상 가짜 인생을 살지 말고 가면을 그저 내려놔라. 가면을 내려놓으면 그 속에 있는 사람은 누구인가? 게으른 나, 똑똑하지 못한 나, 용기가 부족한 나, 비겁한 나, 이기적인 나 등 다른 사람에게 들키기 싫은 모습이 있다. 그와 동시에 내가 알지 못하는 성실하고, 지혜롭고, 용기 있고, 정의로운 나도 존재한다. 여기서 중요한 것은 내가 느끼는 내 모습도 진정한 내가 아니라는 것이다.

　내가 아프리카나 북극에서 태어났다면 지금 내 성격, 가치관, 습관 등은 전혀 달라졌을 것이다. 사회가 나에게 그려 넣은 허상이다. 그러니 가면 속의 나라고 생각하는 것도 내려놔라. 나는 내성적이지도 않고 활발하지도 않다. 나는 친절하지도 않고 불친절하지도 않다. 나는 매력 있지도 않고 매력 없지도 않다. 나는 능력 있지도 않고 무능력하지도 않다. 나는 부족하지도 않고 풍족하지도 않다. 나는 현명하지도 않고 어리석지도 않다.

가면 속의 나라고 생각하는 것까지 버리면 무엇이 있는가? 나는 그저 존재한다. 사회의 어떤 관념이나 권위자의 말로 만들어진 내가 아닌 순수한 존재 자체인 것이다. 깨끗하지도 더럽지도 않은, 선하지도 악하지도 않은 있는 그대로의 존재인 나. 자신의 존재를 인식하면 더이상 자신을 속이는 느낌은 없어진다. '인정받기 위한 가면'을 내려놓고, 사회에서 '강요당한 나'도 내려놨기 때문이다. 이 단계에 들어서면 다른 사람의 눈치에서 자유로워져 한결 가벼운 느낌이 든다. 더 이상 가면을 보호하기 위해 미친 듯이 노력하지 않아도 되니 에너지 낭비도 없어진다.

"사회생활 잘하려면 하기 싫은 것도 하고, 아부도 해야 하지 않나요? 속은 썩어 들어가지만, 현실적으로 가면을 쓰고 살아갈 수밖에 없어요."

이런 반문을 할 수도 있을 것이다. 사회생활 잘하려면 적절한 행동과 정해진 규칙을 지키면 된다. 억지로 다른 사람이 될 필요는 없다.

가면을 쓰고 가짜로 인정받는 것보다 진짜인 나(내가 선택한 나)로 살면서 미움받는 것이 훨씬 낫다. 세상에 그 누구도 내게 어떤 사람이 되라고 강요할 권리는 없다. 다른 사람이 되려고 노력하지 말자. 다른 사람은 이미 있다. 나다운 모습, 내가 선택한 나를 찾아야 한다.

다른 사람에게 인정받기를 바라지 않는다면 그들로부터 자유로워질 수 있다. 역설적이게도 인정을 바라지 않을 때 그들로부터 인정받을 수 있다. 그러나 그때 가서는 그들의 인정이 굳이 필요하지 않다. 타인의 인정은 그다지 중요하지 않고, 스스로 인정하는 것에 집중하기 때문이다. 그러니 외부에서 인정을 바라지 말고, 내부에서 자신을 인정해줘라. 그동안 남의 눈치만 보느라 나를 잃어버린 느낌이 들고 무기력해져 있다면 하나씩 내려놓자. 가면 쓴 나를 내려놓고, 무기력한 나를 내려놓으면 그때부터는 내가 원하는 삶을 선택할 수 있다.

## 02

# 무엇이 당신을 행복하게 하는가?

> **❝**
> 생각, 말, 행동을 일치시킬 때
> 인생은 나를 위해 움직인다.
> **❞**

난 뚜벅이였다. 대학 졸업하고 결혼 후에도 계속 버스, 지하철을 타고 다녔다. 면허증은 고등학교 수능시험 끝나고 바로 취득했지만, 차에 관심이 없었다. 비용 문제도 있었고 굳이 차를 살 필요성을 못 느꼈다. 아내가 임신하고 나서는 생각이 바뀌었다. 아이가 태어나면 차가 있어야 할 것 같았다. 그래서 평생 처음으로 차를 샀다. 차를 사고 나서는 한동안 기분이 좋았다. 버스 정류장이나 지하철역까지 굳이 가지 않아도 집 앞에서 바로 출발할 수 있다는 것이 너무 편했기 때문이다. 먼 곳으로 여행 가기에도 좋으니 나에게는 그야말로 신세계였다.

차를 사니 장점도 있었지만, 이것저것 신경 쓰이는 것이 많았다. 주차한 차를 누가 긁지는 않을지 불안했고, 이따금 누군가 '문 콕'이라도 한 날에는 종일 신경이 쓰였다. 어느 날 지인의 돌잔치가 끝나고 집에 가기 위해 주차된 차에 갔다. 무엇인가 이상한 느낌이 들어 차를 살펴보니 왼쪽 뒷문 쪽이 움푹 들어가 있었다. 블랙박스의 사각지대라 범인을 찾을 수 없었다. 건물 CCTV도 확인했지만 오래된 곳이라 내가 주차한 위치는 촬영 범위가 아니었다. 결국 보상을 받지 못했다. 그 이후 차를 볼 때마다 화가 나고 내 마음도 움푹 들어간 것 같았다.

내가 원해서 차를 샀지만, 어느 순간 차에 얽매여 있는 나를 발견했다. 행복은 잠시뿐이었고, 차에 구속되어 내 자유의 일부를 빼앗기는 느낌이었다. 행복하기 위해 원하던 것을 얻었지만 오히려 구속되고 자유를 뺏기는 모순이 발생한 것이다.

오늘날 사람들이 행복을 얻기 위한 과정도 이와 비슷하다. 돈, 성공, 명예, 쾌락에서 행복을 찾고 있다. 물론 이런 것들이 행복을 위해 도움은 된다. 문제는 단기적인 자극에서 그친다는 것이다. 차를 사도 행복은 잠시뿐이고 몇 주가 지나면 자동차세, 주유비, 세차비, 정비비, 교통 체증 등 다양한 문제로 스트레스를 받게 된다. 돈과 명예를 얻은 사람이라도 스스로 행복을 느끼는 사람은 많지 않다. 사람은 습관의 노예이기 때문이다. 자극에 의한 행복은 습관화되어 금방 익숙해진다. 처음 느꼈던 희열은 금방 사라진다. 그래서 더 자극적이고 큰 것을 원하게 된다.

나 또한 지금 이 시간을 희생해서 나중에 부자가 되면 행복할 것 같다는 막연한 생각을 했었다. 마시멜로 이론처럼 현재의 마시멜로를 아껴뒀다가 나중에 더 큰 가치로 바꾸는 것이 행복을 위한 지름길이라고 믿었던 것이다. 이것은 '나중에'라는 함정이다. 복권에 당첨되면, 자녀가 대학 졸업하면, 회사에서 승진하면, 결혼기념일 20주년이 되면 그때 가서는 행복해질 거라고 생각한다. 현재의 행복을 계속 미래로 밀어내는 것이다. 부자도 한 번에 되는 것은 아니다. 조금씩 부를 축적할 뿐이다. 그러다 보면 현재에 금방 적응이 되어 진정한 부자의 순간은 오지 않는다. 복권에 당첨되어 한 번에 부자가 될지라도 다시 일상으로 조금씩 돌아오게 된다.

집안을 정리하다가 오래된 상자를 발견했다. 그 안에는 초등학생 때부터 고등학생 때까지 모아둔 자료가 있었다. 초등학교 졸업할 때 친구들에게 받은 편지, 크리스마스카드, 성적표, 옛날 사진, 숙제 등 다양한 자료들이 있었다. 옛날 추억을 되새기며 재미있게 보던 도중 "나의 미래"라는 종이를 발견했다. 고등학교 때 과제로 만들었던 자료인데 나이대별로 미래의 나를 상상해서 그래프로 그리는 것이었다.

20대는 대학교, 군대, 취업, 결혼을 한다고 적혀 있었다. 30대는 자녀 출산, 부 축적, 성공으로 나와 있었고, 40대부터는 편안한 노후 생활로 표시되어 있었다. 학창 시절의 나는 40대라고 하면 엄청나게 무엇인가를 이루어놓은 먼 미래로 보았던 것 같다. 40대가 된 지금의 내가 10대의 나와 마주하니 기분이 묘했다. 30대에 이루려 했던 것을 지금도 진행 중이니 한편으로는 더 분발해야겠다는 생각도 들었다.

10대의 내가 현재의 나를 보았다면 어땠을까? 적어도 많이 성장했다는 느낌은 받았을 것이다. 그리고 10대의 나보다 현재의 내가 더 행복해 보였을 것이다. 그때는 내 마음대로 할 수 있는 것도 많지 않았기 때문이다. 지금은 월급이 꼬박꼬박 나오는 회사를 다니고, 나를 믿고 지지해주는 아내가 있으며, 사랑스러운 세 아이가 있다. 이렇듯 나 스스로도 조금씩 행복을 축적하고 있었지만 정작 그것을 느끼지 못하고 살아왔다. 10대는 세상에 대한 호기심으로 행복했고, 지금은 사랑하는 사람들과 함께 꾸준히 도전하는 과정이 행복하다. 행복은 지금 '바로 여기'에 있기 때문이다.

"지금 행복해지고 싶은데 말처럼 쉽지 않아요."

물론 맞는 말이다. 말이 쉽지 현재를 만족하며 살아가기란 쉬운 일이 아니다. 그렇다면 우리는 과연 행복이라는 만족감을 어떻게 얻을 수 있을까? 과연 그런 방법이 있기나 한 걸까? 가장 좋은 방법은 생각, 말, 행동을 일치시키는 것이다. 내가 간절히 원하는 것과 반대되는 말과 행동을 하면 행복을 얻을 수 없다. 자격증 취득을 원하면서 생각만 하고, 입으로는 "이것을 꼭 해야 하는지 모르겠어."라고 말한다면? "자격증 꼭 따고 싶어."라고 말은 하면서 눈과 귀는 TV나 휴대폰을 보면서 행동하지 않는다면? 이렇게 생각, 말, 행동이 모두 따로 놀고 있다면 행복해질 수 없다.

배우자와 좋은 관계를 유지하고 싶다고 '생각'하지만 상대방에게 상처를 주고(말), 사랑 표현(행동)을 하지 않는다면 배우자와 행복한 가정을 이룰 수 없다. 내 아이를 바르게 키우고 싶다고 '생각'하지만 잘못을 일일이 지적(말)하고, 아이의 작은 실수에도 화를 내며 함께하는 시간을 확보(행동)하지 않는다면 아이는 부모와 거리를 두려 할 것이고, 정서적으로 불안한 아이를 만들 뿐이다.

회사에서 승진하고 싶다고 '생각'하지만 업무에 불만을 터트리고(말),

성과(행동)를 내는 데 소홀하다면 직장 내에서 발전하지 못하고 성공할 수 없다. 이 세상에 태어나서 무엇인가를 이루고 싶다고 '생각'하지만 환경을 탓하고 "아직 때가 아니야.", "나중에 시간이 더 나면.", "난 부족해."(말)라고 하며, 쳇바퀴 도는 생활(행동)을 한다면 원하는 성장을 이룰 수 없다. 이렇듯 다이어트, 일, 자기 계발 등 하고 싶다는 생각을 하지만 자책만 하고 후회하는 인생을 살아간다.

며칠 동안 글을 쓰지 못한 적이 있다. 글을 쓰고 싶었지만 퇴근하면 몸이 천근만근이라 글을 쓰는 것이 부담스러웠다. "피곤해"를 입에 달고 살았고, 글도 쓰지 않았다. '작가로서 책을 출간하고 싶다.'라는 생각을 가졌지만, 말과 행동은 다른 방향에 서 있었다. 글을 쓰지 못하는 기간 동안 잠을 잘 수는 있었지만, 마음 한편으로는 괴롭고 힘든 시간을 보냈다. 계속 나 자신을 속이는 느낌이 들었기 때문이다.

더 이상 괴롭기 싫어서 "피곤해도 잠깐만 써보자."라는 선택을 하고 글을 썼다. 글을 쓰며 몰입하고 나 자신을 들여다보는 시간을 통해 무한한 황홀감과 행복을 느꼈다. 그전까지 나를 자꾸 잃어버리는 느낌이 들었다. 그러나 글 쓰는 시간만큼은 나 자신을 다시 찾고 에너지를 충전할 수 있었다. 생각한 대로 말하고 행동했기 때문이다.

'생각'은 발상이고 개념이다. 우리가 지금 보는 대부분은 한때 누군가의 발상이었다. 노트북, 휴대폰, 책상, 침대, 전등, 종이 등 누군가의 발상으로 인해 지금 내가 보는 것이다. 이런 발상을 '말'로 표현하면 변화시키는 데 영향을 미친다. 그다음에는 '행동'으로 현실화할 수 있다. 생각, 말, 행동을 일치시킬 때 인생은 나를 위해 움직인다. 작은 것 하나라도 허투루 말하지 말고 내가 원하는 방향에 따라 행동해야 한다. 이렇게 사는 것이 힘들다고 느낄 수도 있다. 그러나 찰나의 편안함을 느끼는 것보다는 생각, 말, 행동을 일치시키는 것이 더 깊은 편안함과 만족감을 가져다준다.

그러나 사람들은 지금까지 그렇게 하길 선택하지 않았다. 늦장 부리고, 꾸물거리고, 미루고, 남의 말을 따라 하고, 남 탓을 하고, 불평하며 살아왔다. 이제 때가 왔다. 다른 곳에 눈 돌리지 말고 내 삶의 문제를 정면으로 바라보라. 생각과 일치하게 말하고 작더라도 놓치지 말고 지금 바로 행동해라. 언제 어디서든 힌트를 얻으면 바로 행동해보자. 이런 과정을 반복한다면 가짜가 아닌 당신이 원하는 진짜 행복을 경험할 수 있다.

# 03

# 나의 성공을 격렬히 응원해라

> ❝
>
> 나에게 성공할 수 있는 기회를 주라.
>
> ❞

초등학교 5학년 여름방학 때였다. 집에 전화가 걸려왔다. 어머니 친구였다. 용건은 어머니에게 있지 않고 나에게 있었다. 아이들이 우리집에 너무 놀러 가고 싶어 하는데 가도 괜찮을지 조심스럽게 물어보셨다. 그 아줌마는 아들 2명이 있었는데 6세와 7세였다. 나는 흔쾌히 괜찮다고 했다. 방학이라 나도 심심했기 때문이다. 얼마 후 2명의 아이가 아줌마와 함께 방문했다. 아이들은 날 보더니 좋아서 어쩔 줄 몰랐다. 아줌마는 두 아이를 나에게 맡기고 외출을 했다.

그날은 종일 아이들과 많은 놀이를 했다. 카펫에 아이를 눕혀 돌돌 말아주기도 하고, 피구 놀이, 물총 놀이, 숨바꼭질 등 이외에도 새로운 놀이를 만들어가며 실컷 놀았다. 특히 집 주변 공터에 길고양이들의 아지트가 있었다. 그곳에서 함정을 만들어 한 마리 잡기도 했었다. 고양이를 잡은 나는 어린 동생들에게 거의 영웅으로 보였을 것이다. 동생들과 놀아주었다기보다 나도 잘 놀았다. 하루가 금방 갔고 그 동생들은 아쉬워하며 아줌마 손을 잡고 돌아갔다. 그 뒤로도 아줌마가 이사하기 전까지 동생들은 자주 놀러 왔다.

이때는 잘 몰랐다. 내가 아이들과 얼마나 잘 노는지 말이다. 그것을 딱히 능력이라고 생각하지도 않았다. 성인이 되고 바쁘게 살다 보니 놀이를 잊고 살았다. 그러다 누나가 결혼해서 조카가 생겼다. 누나가 자주 집에 놀러 와서 조카와 함께 보내는 시간이 많아졌다. 그래서인지 조카는 엄마, 아빠보다는 외삼촌이 더 좋다고 했다. 나도 결혼을 하고 아이를 키우다 보니 실수는 많았지만, 아이들과 제법 잘 놀았다.

나에게는 당연한 일상이었지만 아이들과 노는 것을 의외로 어려워하는 사람들이 많다는 것을 알게 되었다. 책 쓰기에도 관심이 많았던 터라 멘토의 권유로 아빠 육아에 대한 책을 쓰기 시작했다. 처음 책을 쓰기 시작했을 때는 재미있었다. 다른 작가들과도 만나며 서로 응원해줬기 때문이다. 글 쓰는 속도도 제법 붙으면서 분량을 어느 정도 채울 수 있었다. 저녁이나 새벽에 일어나 글을 쓰는 시간이 그렇게 소중할 수가 없었다. 그러나 서서히 게을러지기 시작했다. 내가 꼭 원했던 일인데 행동이 따라오지 않은 것이다. 관심이 사그라지고 자꾸 의문이 생겼다.

'노력에 비해서 결과가 잘 나오지 않으면 어떻게 하지?'
'과연 사람들이 내 책을 읽게 될까?'
'회사 생활도 바쁜데 괜한 짓 하고 있는 것 아냐?'
'아빠 육아라니… 남자들만 더 힘들게 하는 것 아닌가?'
'나도 아직 부족한데 다른 사람들이 알게 되면 어떻게 하지?'

수시로 걱정과 불안이 찾아왔다. 이런 부정적인 생각이 떠오를수록 더욱더 글쓰기는 어려워졌다. 정해놓은 일정대로 글을 쓸 수 없었다. 출발선에서 반 바퀴는 달려왔으니 마저 반 바퀴만 돌면 되는 시점이었다. 그러나 무의식적으로 완성에 대한 두려움을 가지게 되었다. 내 책을 완성하고 세상에 내놓으면 관심과 주목을 받게 되고, 내 존재가 노출되고, 나의 결핍과 부족함이 들킬까 봐 불안했던 것이다.

누구나 인생을 살면서 성공하길 원한다. 사람마다 다르겠지만 물질적인 풍요뿐만 아니라 명예, 권력, 인정 등 원하는 것도 다양하다. 이처럼 성공을 원하지만 동시에 성공하는 것을 두려워한다. '실수하면 어떻게 하지?', '사람들이 나를 어떻게 생각할까?'라는 걱정과 공포에 휩싸이며 아무것도 못 하게 되는 것이다. 그래서 완성하지 않는 것이 안전하다고 느낀다. 완성하지 않으면 비난받을 일도 없기 때문이다. 그래서 무의식적으로 자신의 성공을 방해한다. 나도 모르게 핑계를 대고, 산만해지고, 일을 대충 하며 성공하지 못하도록 엄청난 노력을 하게 된다. 시작해서 실패를 경험하느니 시작조차 하지 않으려 한다.

자신은 분명히 성공하기를 바라는데, 스스로 성공을 방해하는 이상한 행동을 한다. 행동하고 싶은데 행동하지 않는 진정한 이유는 무엇일까? 진짜 이유는 내가 게을러서도, 산만해서도, 의지가 부족해서도, 무기력해서도 아니다. 시간이 없어서, 피곤해서, 다른 할 일이 많아서도 아니다. 내가 행동하고 싶지 않기 때문에 행동하지 않는다.

실패가 두렵고, 주변의 시선에 불안하기 때문에 차라리 성공하지 않기를 바란다. 행동하지 않는 것이 최고의 방법이기 때문에 자주 자신에게 브레이크를 거는 것이다. 이것 조금 시작하다 비난받을까 봐 흐

지부지되고, 저것 조금 시작하다가 나의 부족함이 들킬까 봐 다시 그만둔다. 그래서 게으르고 싶어서 게을러지고, 산만해지고 싶어서 산만해지고, 무기력해지고 싶어서 무기력해지는 것이다. 모든 것은 내 무의식적인 선택의 결과이다. 그 누구도 탓할 수 없다.

여러 가지 두려움이 생길 때마다 상상의 힘을 이용했다. 앞으로 나오게 될 책의 두께, 표지의 촉감, 한 장씩 넘길 때의 종이 소리, 서점에서 내 책을 읽고 있는 사람들, 그들이 겪는 변화 등을 즐겁게 상상했다. 상상하는 것만으로도 흥분되고 몸이 떨려왔다. 그와 동시에 빨리 책을 완성하고 싶다는 욕구가 강해졌다. 앞으로의 모습을 즐겁게 상상할수록 더 또렷해졌고, 당장 무엇을 해야 할지 명확해졌다. 빨리 글을 쓰고 싶어 어쩔 줄 몰랐다. 그러다 보면 두려움과 불안은 내 안에서 말끔하게 사라지고 집중할 수 있었다.

그러나 두려움은 가끔 고개를 들어 다시금 나를 불안하게 만들었다. 나보다 전문가들은 얼마든지 많았고, 이미 많은 정보가 널려 있었다. 그렇게 불안해질수록 나에게 '실패할 수 있는 자유'를 주었다. 성공과 실패라는 결과에 연연하지 않기로 한 것이다. 내가 할 수 있는 만큼 최선을 다하되, 결과가 내 뜻대로 나오지 않을 가능성에 대해서도 받아들인 것이다. 내가 이것을 붙잡고 '꼭 성공해야 해!'라는 생각을 내려놓았다. 혼신의 힘으로 도전하고 결과는 편안하게 받아들였다. 그래서인지 책은 출간되자마자 많은 관심을 받았고 반응도 좋았다.

새로운 것에 도전하면서 잘될 수도 있고, 안 될 수도 있다. 그러나 내 뜻대로 되지 않았을 때 배우고 깨닫는 과정은 나를 더 성장하게 만든다. 무조건 성공하기만을 바라고, 항상 좋은 평판을 유지하며, 사랑과 인정을 바라는 마음. 이것은 스스로를 괴롭히는 공격이며 인생을 허비하는 짓이다. 아무도 나를 괴롭힐 수 없다. 자신을 괴롭히는 것은 언제나 '나'뿐이다. 성공, 좋은 평판, 사랑, 인정을 내려놓을 때 진정한 자유를 느낄 수 있다. 그렇게 가벼워진 마음으로 도전하고 몰입하면 내가 원하는 결과와 점점 가까워진다. 나에게 성공할 수 있는 기회를 줘라. 그리고 격렬히 응원해라. 진심으로 응원해줄 수 있는 사람은 자신뿐이다.

# 04

# 진실로 원하는 일을 하라

> 66
>
> 해야 할 일을 미루지 않고, 비록 두렵지만 행동할 수 있다면
> 자유를 얻을 수 있다.
>
> 99

"아빠는 꿈이 뭐야?"

"응? 꿈? 글쎄…"

"난 요리사가 될 거야."

첫째 아이의 갑작스러운 질문에 말문이 막혔다. 내 꿈에 대해서 진
지하게 생각했던 적이 까마득했기 때문이었다. 어릴 때는 과학자가
돼서 로봇과 우주선을 만들어 우주여행을 다니고 싶었다. 조금 더 커
서는 영화를 좋아해서 영화감독이 되고 싶었다. 그러다 컴퓨터에 관

심이 생겨 IT의 길에 들어서게 되었다.

직장 생활을 시작하면서 꿈에 대해서는 잊고 있었다. 단지 중간중간 단기 목표를 가지고 자격증을 따거나, 대학원을 다니는 등 자기 계발을 했다. 그런데 그것이 가슴을 떨리게 하는 꿈은 아니었다. 현실에 치이다 보니 나를 잊고 살아왔던 것이었다. '나는 무엇을 좋아하고, 어떤 것에 관심이 있나?', '요즘 무엇에 신경을 쓰고 살고 있지?', '나는 지금 무슨 생각을 하고 살지?'라는 질문을 해봤다. 대부분 다른 사람을 신경 쓰느라 나 자신에게 이런 질문을 한 적이 없었다. 나 자신에게 무신경했고 스스로를 존중해주지 못한 느낌이 들었다. 그러다 보니 나 자신에게 미안한 감정이 들었다.

나는 내 인생에서 가장 친한 친구다. 태어났을 때부터 지금까지 평생 함께했지만 내 존재 자체를 인식하지 못했다. 그래서 나랑 친해져보기로 했다. 다른 사람들과 친하게 지내려 노력하면서 왜 나 자신과는 친하게 지낼 생각을 못 했을까? 나와 친해지는 가장 좋은 방법은 거울을 보는 것이다. 처음에는 거울에 비친 나 자신을 바라보는 것만으로도 어색했다. 그러나 거울의 내 기분이 어떤지, 무엇을 원하는지, 나 자신에게 무엇을 말하고 싶은지 '관찰'해보았다.

일단 몸이 힘들기 때문에 하루 정도 푹 쉬고 싶었다. 하루만 쉴 수 있다면 무엇을 할지 생각해보았다. '그동안 못 본 친구들을 만날까? 카페에서 종일 내가 좋아하는 책을 볼까? 가까운 곳에 여행을 갈까? 아니면 종일 실컷 잠을 잘까?' 하고 싶은 것들은 많았다. 하루를 온전히 나를 위해 쓰고 싶다는 생각이 들었다. 곰곰이 생각해보니 내가 진정 원하는 것은 나만의 '시간'이었다. 회사 끝나면 부랴부랴 집에 가서 아이들을 돌보고 기절해서 잠드는 일상이었다. 나를 위한 시간이 없었던 것이다. 아내 또한 나와 마찬가지였다. 매일매일 자신이 소진되고 있는 느낌이라고 했다. 정신적, 육체적인 에너지가 고갈되고 있었기 때문이다.

에너지가 떨어진 상태에서도 '해야 할 일'은 여전히 존재했다. 끊임없는 육아를 해야 하고, 밀린 일들을 처리해야 했다. 내 상태 여부와 상관없이 '해야 할 일'은 파도처럼 계속 밀고 들어왔다. 몸이 아파도 아파할 시간이 없었다. 감기에 걸리더라도 앓아누울 수가 없었던 것이다. 아파도 일과 육아는 해야 했다. 그렇게 관찰한 결과 분명한 것이 있었다. 내가 진정 원하는 것은 '자유'였다. 모든 것으로부터의 자유 말이다.

사람들이 '자유'를 원한다. 부자가 되어서 부동산 월세 받으며 편안하게 살고, 하고 싶은 것을 다 하며 살기 원한다. 세계 일주를 다니고, 비싼 차와 고급스러운 집에서 누구의 간섭도 받지 않고 살고 싶어 한다. 집에서는 잔소리로부터의 자유를 원하고, 회사에서는 구속으로부터의 자유를 원한다. 돈으로부터의 자유, 시간으로부터의 자유 등을 원한다.

그러나 한 단계 더 생각해보니 이것은 자유가 아니라 '도망'이었다. 여행을 다니며 편하게 지내고 싶은 것은 현재 인생이 힘들기 때문이다. 구속과 간섭으로부터의 자유를 원하는 것은 현재 무거운 억압에 놓여 있기 때문에 자유로운 일탈을 꿈꾼다. 이것은 진정한 자유가 아니라 내가 가진 두려움에서 잠시 벗어난 것뿐이다. 다시 현재로 돌아오면 인생이 힘들고 억압을 견뎌내야 한다.


나는 그동안 내 두려움에서 항상 도망치기에 바빴다. 돈으로부터의 자유를 위해 잠시 비싼 물건을 사보았지만, 다시 현실로 돌아와야만 했다. 시간으로부터의 자유를 원했지만, 회사에 투입되는 절대적인 시간은 고정되어 있었고, 휴일에 여행을 다녀와도 다시 시간이 촉박한 현실을 살아야 했다. 나를 제한하는 것들에서 벗어나는 것은 자유가 아니다. 일시적인 자유일 뿐 근본적인 해결 방법은 아닌 것이었다. 일반적으로 자유는 내가 하고 싶은 것을 다 하는 것이라 생각한다. 이 것은 우리 사회가 만든 잘못된 생각이었다. 그렇다면 진정한 자유란 무엇일까?

글을 쓰고 출간하는 과정 속에서 자유롭다고 느껴졌다. 회사와 가정 의 반복적인 일상에서 글쓰기는 일종의 '탈출구'였던 셈이다. 글을 쓰 면서 그 안에서 나만의 세상을 만들고, 내 생각을 펼치며 자유를 느꼈 다. 회사 일뿐만 아니라 개인적인 활동으로 인정받고 알려지게 되면 서 팬들도 생겨났다. 그런데 관심을 받게 될수록 압박과 두려움을 느 꼈다. 내가 활발하게 활동하면 오히려 해야 할 일이 더 많아지기 때문 이다. 반복적인 일상의 탈출구로 글을 썼는데 오히려 이것이 나에게 또 다른 억압이 된 것이었다. 무의식적으로 또 다른 탈출구를 찾아 헤 매고 있었다.

여태까지 내가 잘못된 자유를 추구했던 방식이 이것이었다. 현실에 서 벗어나 탈출구를 찾기만 했던 것이었다. 회사의 억압적인 분위기 가 싫어 이직해도 또 다른 억압이 나를 기다리고 있었다. 회사와 가정의 반복적인 생활의 탈출구로 글쓰기를 택했다. 글을 쓰며 압박을 받게 되니 또 다른 탈출구를 찾았던 것이었다. 절대적인 자유를 얻기 위해서는 내 두려움을 마주해야 한다. 역설적이게도 나를 억압하는 일들, 두려운 일들을 제대로 해결해야 진정한 자유를 얻을 수 있다. 집에 불이 났는데 마음이 불안하고 두려워 고개를 돌리고 즐거운 일을 찾아봤자 불이 꺼지지 않는다. 나를 불안하게 하고, 두렵게 만드는 불을 적극적으로 해결하는 것이 우선이다.

연인이나 부부 사이에 문제가 있으면 선물, 여행 등 일시적인 것으로 해결하려 하지 말고 서로의 마음을 열고 들여다봐라. 자녀와 문제가 있으면 피하지 말고 사소한 대화라도 놓치지 말고 이해해라. 회사 생활에 문제가 있으면 취미생활로 회피하지 말고 적극적으로 문제를 해결해라. 내가 할 수 있는 만큼 하고 어쩔 수 없는 것은 포기하는 것도 두려움의 크기를 줄이는 방법이다. 중요한 것은 내가 행동하면 할수록 자유로운 관계, 자원, 대안이 많아진다는 것이다. 더 이상 세상이 만들어놓은 가짜 자유에 속지 마라.

내가 무엇을 해야 하는지는 스스로가 가장 잘 알고 있다. 더 이상 도망치는 것을 자유라 생각하는 자기 합리화는 그만두자. 해야 할 일을 미루지 않고, 비록 두렵지만 행동할 수 있다면 자유를 얻을 수 있다. 행동을 통해 자유로워질 수 있는 것이다. 당신의 시간은 한정되어 있다. 그 시간을 헛된 자유를 쫓느라 낭비하지 마라. 두려움을 정면으로 바라보고 행동했을 때 내가 원하는 현실을 창조할 수 있다.

# 두려움과 의심을 몰아내라

두려움은 깨부숴야 하는 감정이 아니다.
그저 두려움을 바라보기만 하면 된다.

"그동안 감사했습니다. 많이 배우고 갑니다."

"정들 만하니까 떠나네. 아쉽네요."

두 번째 회사를 그만두기로 선택했다. 옮길 세 번째 회사로부터 입사 일정을 받은 뒤였다. 몇 주 동안 업무 인수인계를 하고, 업무 매뉴얼을 만들며 몇 가지 업무는 마무리 작업을 하느라 바쁘게 보냈다. 마지막 날 동료, 선배, 상사에게 작별 인사를 했다. 타 부서를 돌며 그동안 친하게 지냈던 직원들과도 이별을 고했다. 책상을 정리하고 개인

소지품을 챙기니 종이 가방에 한 아름 담겼다. 내가 선택한 이직이었지만 막상 옮기려니 아쉬움이 남았다. 동료 직원들은 회사 입구까지 배웅해주며 인사를 해주었다.

아무도 없는 자취방으로 일찍 퇴근하니 기분이 이상했다. 옮길 회사가 있었지만 당장 어디에도 소속되어 있지 않다는 느낌에 불안해졌다. 종이 가방에 담아온 물건을 정리하며 '울컥한' 마음을 진정시켜야 했다. 이 회사를 그만두면 그동안 억눌려 있던 것으로부터 해방감이 들어 후련할 줄 알았다. 하지만 막상 그만두니 정반대였다. 그 어디에도 소속되어 있지 않다는 두려움이 더 컸다.

우리는 참으로 많은 두려움 속에서 살아간다. 분명히 내가 원하는 방향으로 가고 있지만 어디선가 불쑥 나온 두려움에 불안해진다. 그리고 지금 방향에 대한 의심을 가지게 된다. '과연 이것이 맞는 것인가?', '가만히 있으면 편안했을 텐데 괜한 일을 벌인 것은 아닌가?' 온갖 의구심이 나를 짓누른다. 때로는 가던 길을 멈추고 되돌아가거나, 끊임없는 자기 의심 속에 앞으로 나아가기를 주저한다. 그래서 행동은 두려움에 지배당한다. 나 자신을 계속 유지하고 보호해야 하기 때문이다. 이런 두려움은 여러 유형이 있다.

첫째, 소속에 대한 상실의 두려움이다. 사람들은 늘 무리 속에 속하고 싶어 한다. 그 속에서 친밀감과 소속감이 없으면 버림받을까 봐 걱정하는 것이다. 지연, 혈연, 학연 등은 이런 소속감에 대한 두려움 때문에 생겨난다. 위 사례에서 보듯이 잠시지만 어디에도 속하지 못한 상황에 혼란스러워했다. 그래서 빨리 소속감을 느껴 마음의 안정을 느끼고 싶어 했던 것이다.

둘째, 생존에 대한 두려움이다. 이것은 내 몸을 유지하기 위한 것이다. 우리의 몸은 생존하기 위해 끊임없이 호흡하고, 매일 일정 시간 수면을 해야 하고, 수시로 먹고 소화시켜야 한다. 생존을 위한 기본적인 활동으로 항상 바쁘다. 그런데 내가 직장을 잃고 길거리에 앉게 되면 나뿐만 아니라 가족들을 어떻게 먹여 살릴지 걱정에 빠진다. 그래서 어떻게든 굶어 죽지 않기 위해 두려움 속에서 생존 활동을 한다.

셋째, 인정받지 못하는 것에 대한 두려움이다. 사람들은 타인에게 인정받고 의미 있는 사람으로 보이고 싶어 한다. 자신이 무능력하고 의미 없고 무가치한 존재로 여겨지는 것을 견디지 못한다. 회사에서 이런 사람일수록 더 열심히 일하고 성과도 많이 만들어낸다. 자신의 무가치함에 대한 두려움으로 계속 자신이 만든 이미지를 유지하기 위해 미친 듯이 노력하기 때문이다.

넷째, 억압당하는 것에 대한 두려움이다. 타인이 내 인생을 조정하려 할 때 강한 거부 반응을 하게 된다. 부모님이 내가 원하지 않는 진로를 강요할 때, 사랑하는 연인이 나를 구속하려 할 때, 직장에서 상사가 내 모든 행동을 조정하려 할 때 답답해진다. 그리고 그런 상태가 계속될까 봐 두려워한다. 하지만 부모님에게 실망을 안겨주는 것에 대한 두려움 때문에, 연인에게 버림받을 것에 대한 두려움 때문에, 직장을 잃을 것에 대한 두려움 때문에 억압을 거부하지 못한다. 더 큰 두려움 때문에 상대적으로 작은 두려움을 버티는 것이다.

위에서 보듯이 인간은 평생 두려움을 피하기 위한 행동을 하며 살아간다. 때로는 그런 두려움조차 알아차리지 못한다. 이것들은 우리가 자라면서 사회로부터 배운 것이다. 그래서 실패하면 안 된다는 두려움으로 시작조차 하지 않는다. 심지어 성공의 두려움으로 자신의 성공을 방해한다. 두려움 속에서 끊임없이 자신을 의심하고, 원하는 일을 곧잘 포기한다.

빛이 있으면 그림자가 있듯이 사랑이 있으니 두려움이 있다. 인간의 모든 행동은 사랑과 두려움 두 가지 감정에서 시작한다. 사랑은 풍요로움, 평화, 기쁨, 용서, 인내, 강함, 위로, 지혜를 가져온다. 사랑을 통해 나누면 풍요로워지고, 평화가 찾아오고, 모두가 기뻐지고, 원수를 용서할 수 있다. 어머니가 자식을 사랑하는 마음으로 인내하고 때로는 누구보다 강해진다. 사랑으로 고통받는 자를 위로할 수 있고, 혼란스러움 속에도 지혜를 얻을 수 있다. 반대로 두려움은 사무침, 그리움, 질투, 미움을 낳는다. 사랑받지 못할 것이라는 두려움으로 그리움이 쌓이고 질투하다 끝내는 미워하고 분노하게 된다.

우리가 해야 할 일은 두려움에 대한 부정적인 인식을 내려놓는 것이다. 두려움은 깨부숴야 하는 감정이 아니다. 그저 두려움을 바라보기만 하면 된다. 그리고 좀 더 자세하게 내 안의 두려움을 관찰해보아야 한다. 이 두려움이 어디에서 왔는지, 나는 무엇을 지키고 싶어 하는지 관찰하다 보면 두려움과 의심이 누그러진다. 강하게 저항하는 것은 유지되고, 조용히 관찰하는 것은 사라지기 때문이다. 특별한 곳에 소속되어 있지 않으면 어떠한가? 내가 이미 특별한 존재인데. 타인에게 인정받지 못하면 어떠한가? 그들은 나의 진정한 가치를 볼 수 없으며 오직 나만이 내 안의 보석을 발견할 수 있다. 누가 나를 억압할 수 있는가? 내 몸을 가둬둘 수는 있어도 내 안의 빛은 묶어둘 수 없다.

어차피 같은 행동을 하더라도 두려움에 떨기보다는 긍정적인 마음으로 기쁨과 사랑 속에서 행동하면 어떨까? 연인이 떠나갈 것에 대한 두려움보다는 상대방의 단점까지 사랑으로 감싸줘라. 자녀가 엇나갈 것에 대한 두려움으로 잔소리보다는 사랑한다고 한 번이라도 더 말해줘라. 부모에게 실망을 안겨주는 것에 대한 두려움보다 내가 선택한 삶을 배신하지 않는 것이 더 중요하다는 것을 명심해라. 직장을 잃을 것이라는 두려움보다는 직장을 활용해서 나의 성장을 계속 추구해라.

성공한 인물들도 많은 두려움을 안고 살아간다. 단지 두려움에 휩쓸리지 않고 있을 뿐이다. 그들은 상대적으로 훨씬 큰 세계에서 활동하기 때문에 보통 사람들보다 더 큰 두려움을 맞이해야만 한다. 하지만 두려움의 크기만큼 큰 용기를 낸다. 더 나은 사람이 되기 위해서는 실수와 한계를 드러내는 일을 두려워해서는 안 된다. 가장 많이 실수하는 사람이 가장 성장하고 있는 사람이다. 그러니 많이 실수하고 자신의 한계를 자주 경험해라. 그것은 자랑스러운 일이다. 더 이상 의심과 두려움으로부터 도망 다니는 인생보다는 기쁨과 사랑이 나를 따라다니는 삶을 살아보자.

# 06

# 즉시 행동하고, 계속 행동하라

> 66
>
> 내 느낌을 무시하거나 내버려두지 마라.
> 바로 행동으로 옮겨라.
>
> 99

　이메일을 확인하는데 "모두에게 감사합니다."라는 제목을 발견했다. 클릭해서 내용을 보니 정년퇴직하는 타 부서 팀장의 이메일이었다. 나이에 비해 젊은 직원들과 잘 소통하고 배려심이 크던 팀장이었다. 정들었던 회사를 떠나면서 아쉬움과 추억이 떠오른다는 내용이었다. 미래에 대한 긴장과 두려움도 글에 녹아 있었다. 퇴직 이메일을 받아볼 때마다 그동안 얼마나 많은 회한과 고통, 성취와 발전이 있었을지 생각하게 된다. 첫 직장에서 정년퇴직하기까지 쉽지 않았을 그분의 회사 생활을 생각하니 나의 직장 생활도 되돌아보게 되었다.

2005년도에 첫 회사에 입사해서 지금까지 맨땅에 헤딩하고, 실수하고, 실패하며 성과를 만들어왔다. 처음에는 열정적으로 일을 시작했지만 여러 가지 한계에 부딪히며 '내가 할 수 있는 것이 없네.'라는 생각도 들었다. 더 잘하고 싶었지만, 사슬처럼 복잡한 이해관계와 환경 때문에 좌절했던 적도 많다. 그러다 슬럼프도 찾아오고, 시간이 지나면서 회복하고, 다시 열정을 쏟아붓기를 반복했다. 성공적인 직장 생활을 했다고 할 수는 없지만 그렇다고 실패한 것도 아니었다. 지금도 현재 진행 중이다.

'내가 언제까지 이 회사에 다닐 수 있을까?'라는 생각을 하며 불안한 적도 있었다. 일과 사람 때문에 힘들 때면 회사 생활에 회의감도 들었다. 동료 직원들도 나와 크게 다르지 않았다. 다들 좋은 기회가 오면 이 생활에서 벗어나고 싶어 했다. 사람들은 멋진 퇴사를 꿈꾼다. 어떤 사람들은 '회사를 졸업한다.'라고 표현한다.


"부동산 수익 구조를 만들고 나면 퇴직할 거야."

"로또에 당첨되면 그만두겠어."

"사업 아이템이 생기면 그만할 거야."

"아이들이 크면 그때 내가 하고 싶은 일을 시작하겠어."

무엇인가를 이루고 싶지만 행동하는 시점을 계속 미래로 보내버린다. 당장 행동하지 않아도 되니 편하기 때문이다. 그렇다고 퇴사하라는 말은 아니다. 우리가 보내는 시간은 크게 두 가지가 있다. '죽어 있는 시간'과 '살아 있는 시간'이다. '죽어 있는 시간'은 소극적이고 망설이며 기다리는 시간이다. 부당한 대우를 참고, 나를 함부로 대하고 막 말하는 사람들 속에서 분노하지만 참고 견딘다. 당장 돈을 벌지 않으면 이번 달 대출이자, 생활비, 아이들 학원비 등이 위태롭기 때문이다. 먹고살기 위해 일을 하며 죽어 있는 시간을 보내는 것이다.

반대로 '살아 있는 시간'은 내가 원하는 미래를 위해서 적극적으로 준비하고 공부하며 행동하는 시간이다. 내게 필요한 공부를 하고 시간을 쪼개어 책을 읽으며 성장한다. 살아 있는 시간을 보내는 사람은 자신의 의식을 향상시키려 항상 노력한다. 남 탓을 하지 않고 모든 현실은 나 자신이 만든다고 생각한다. 그래서 일에 더 충실하고 열정적이다.

우리는 매일 24시간을 산다. 그중에서 최소 7시간은 일하고, 3시간은 밥 먹고, 8시간은 잔다. 나머지 6시간 중 이동하고, 씻고, 준비하는 시간을 빼면 3시간도 남지 않는다. 생존을 위해 21시간을 쓰고, 그나

마 남은 3시간은 휴대폰, TV로 허비하고 있지 않은가? 그렇게 하루하루를 살다 보면 어느덧 계절이 바뀌어 있고 한 해가 지나 있다. 지나가는 시간을 보며 무엇인가를 해야 할 것 같아 불안해진다. 그러나 TV의 웃음에, 휴대폰의 자극에, 맥주 한 모금의 달콤함에 그런 생각은 금세 잊힌다.

생존하기 위해 내 모든 시간을 쓰다 보면 오히려 생존에 위협받는다. 나 자신을 관찰할 수 있는 시간이 없어지기 때문이다. 대부분 일하고, 밥 먹고, 자며 하루하루를 바쁘게 살아간다. 항상 바쁘지만, 현실은 정체되어 있다. 흔히들 바쁜 것이 좋은 것이라 한다. 하지만 자신을 관찰하지 못하고 바쁘기만 하면 쉽게 지친다. 내가 무엇을 원하고 좋아하고 선택하고 싶은지 알 수 없기 때문이다. 이것을 반복하다 보면 성장과 변화를 이룰 수 없다. 성장하지 못하면 죽은 것과 같다. 그러면 당연히 생존 자체가 위태롭다.

우리는 생존만 하기 위해 태어나지 않았다. 각자 원하는 현실을 만들기 위해 태어났다. 지금의 나는 어떤 현실을 만들고 싶은가? 생존을 위해 바쁘게만 살 것인가? 바쁘지만 그 속에서 성장을 위해 행동할 것인가? 모든 것은 자신의 선택에 달렸다.

"말하기 전에 생각해라."

예전부터 많이 들어본 말일 것이다. 제일 첫 번째는 '생각'이고, 두 번째는 '말'이며, 세 번째는 '행동'하라는 의미다. 물론 맞는 말이다. 신중함은 실수를 줄일 수 있기 때문이다. 그러나 생각만 하느라 행동하지 않는 경우가 얼마나 많은가? 주저하고 망설이며 결국 아무것도 하지 않는다. 행동하지 않으면 실패할 일도 없고 안전하다고 느끼기 때문이다. 배우자와 좋은 관계를 유지하고 싶지만 바쁘다는 핑계로 대화를 미룬 적은 몇 번인가? 자녀를 행복하게 해주고 싶지만 왜 함께 놀아주지 않는가? 일을 잘하고 싶은데 왜 집중하지 않는가? 성장하고 싶은데 왜 계속 내일로 미루는가? 난 이렇게 말하고 싶다.

"생각하기 전에 일단 행동하라."

때로는 생각, 말, 행동을 뒤집어야 한다. 생각하기 전에 먼저 행동하는 것이다. 주저하고 망설이며 생각하는 시간에 내 에너지를 더 이상 빼앗기지 마라. 배우자와 좋은 관계를 유지하고 싶다면 사소한 대화라도 당장 나눠라. 아이를 행복하게 만들고 싶다면 일단 간단한 놀이부터 시작해라. 일을 잘하고 싶다면 딴생각하지 말고 일에 몰입해라. 성장하고 싶다면 책을 읽고 나 자신을 들여다봐라.

주의할 점은 재빨리 행동해야 한다. 그렇지 않으면 내가 깨닫기도 전에 생각이 브레이크를 걸 것이다. 생각, 말, 행동을 뒤집는 것이 몇 번 성공하더라도 자칫 다시 예전의 패턴으로 되돌아갈 수 있다. 그러니 방심하지 말고 느낌이 오면 재빨리 행동해야 한다. 내 느낌을 무시하거나 내버려 두지 마라. 바로 행동으로 옮겨라. 이런 패턴을 반복하다 보면 생존을 위한 삶이 아닌 성장을 위한 삶을 살게 된다.


더 이상 죽어 있는 시간을 보내지 말자. 의자에 앉아서 더 나은 기회를 기다려도 절대 오지 않는다. 감나무 밑에서 입을 벌리고 있는 것과 같다. 행동을 통해 살아 있는 시간을 보내고 기회를 직접 만들어야 한다. 지금 내 주변의 환경을 나의 이익으로 만들어야 한다. 회사는 내가 성장하기 가장 좋은 최적의 환경이다. 그 속에서 눈치 보고 위축되어 죽어 있는 시간을 보내지 말자. 당당하게 행동하고 성장해나가라. 행동하고, 계속 행동하라. 그래서 당신이 원하는 현실을 만들어라.

# 당신의 삶에 기적을 일으켜라

생각만으로도 기분이 좋아지고, 강해지고,
긍정적인 에너지가 느껴진다면 바로 행동해라.

회사 업무상 수강생 대상으로 교육을 해야 할 일이 있었다. 전체 교육 내용에 외부 강사도 초빙했지만, 그중 일부는 담당자인 내가 직업 교육을 해야 했다. 열심히 교육 자료를 만들었다. 수강생들에게 실망을 주지 않기 위해 완성도를 높이려 노력했다. 드디어 교육하는 날이 다가왔다. 수강생은 10명 정도 되는 소규모 교육이었다. 앞 시간 강사의 교육이 끝나고 내 차례가 되었다. 마이크를 사용하려 했지만, 고장나 있어 활용할 수 없었다. 시작부터 꼬여버리니 당황스러웠다.

갑자기 가슴이 일렁거렸다. 수강생 앞에 서니 모든 것이 아지랑이가 일듯이 흐물흐물해 보였다. 마치 슬로 모션을 찍는 것처럼 느껴졌다. 머릿속이 하얗게 되어버리고 아무것도 생각나지 않았다. 자료는 철저하게 준비했지만 나 자신이 준비가 안 되어 있었던 것이었다. 애써 태연한 척하며 자료에 의지해 강의를 진행했다. 그곳에서 믿고 의지할 수 있는 것은 자료밖에 없었기 때문이다. 모두가 나만 바라보고 있고, 내 말에 집중하고 있다는 것이 부담스러웠다. 10분 정도 설명을 하고 있는데 맨 뒤에 앉아 있던 수강생 한 명이 손을 들었다.

"말 좀 크게 해주실래요? 여기 소리가 안 들려요."

그 순간 얼굴이 빨개지는 것을 느꼈다. 그리 크지 않은 교육장이었는데도 불구하고 목소리가 기어갔던 것이었다. 마이크도 고장 난 상황에서 난감했다. 목소리를 크게 내자니 설명이 부자연스러웠고, 자연스럽게 설명하자니 목소리가 작아졌다. 어정쩡한 목소리와 태도로 겨우 1시간 교육을 마쳤다. 지금은 몇백 명 앞에서도 편안하게 강의를 할 수 있지만 이때는 하나하나가 모두 어렵고 힘들었다.

이때의 문제점을 관찰해보니 경험 부족도 있었지만, 더 중요한 것이 있었다. 그것은 강의 목표에 대한 잘못된 인식 때문이었다. 나의 내면에서는 내가 얼마나 많이 알고 똑똑한지 보여주고 싶었다. 나는 멋있고, 잘났고, 똑똑하게 보이기를 원했다. 그런데 무대에 올라가니 내 진짜 모습이 들킬까 봐 불안했던 것이다. 이것은 앞서 말했던 가면 증후군의 부작용이다. 가면 증후군이 가장 심해질 때는 무대에 올라설 때이다. 온몸이 노출되고 가면 속의 나를 들킬까 봐 불안해지는 것이다. 그러니 당연히 말이 안 나오고, 몸이 얼어버린다.

강의는 내가 얼마나 멋있고 똑똑한지 보여주려고 하는 것이 아니다. 내가 알고 있는 정보와 생각을 전달하기 위한 수단일 뿐이다. 크게 전달할 수도 있고, 조용히 전달할 수도 있다. 나 자신을 드러내는 것이 중요한 것이 아니라 정보를 전달하는 것이 중요하기 때문이다. 나의 에너지를 정보 전달에 써야지 나를 감추고 가면을 드러내는 데 쏟다 보면 무대공포증이 생길 수밖에 없다. 위 사례에서 무대공포증에서 벗어나려면 가면 속에 숨지 말고, 본래 목표인 전달하는 것에 에너지를 집중했으면 더 수월했을 것이다.

혹자는 자신감을 얻으면 무대공포증을 이길 수 있다고 한다. 무대공포증뿐만 아니라 자신감이 있으면 사랑, 훈육, 일, 성장을 더 잘 해낼 수 있다고 생각한다. 이런 생각은 자신감이 있어야 결과를 만들 수 있고, 성공할 수 있다는 공식을 만들어냈다. 우리는 왜 이토록 성공에 많은 조건을 달게 되었을까? 그냥 내가 원하는 결과를 이루면 안 될까? 생각, 말, 행동의 순서를 거꾸로 뒤집은 것처럼 말이다. 자신감을 갖는 것에 집중하지 않고, 결과를 만드는 것에 내 에너지를 집중하면 더 쉽고 빠르게 전진할 수 있다. 자신감이 높아서 결과를 만드는 것이 아니라, 결과를 만들면 자연스럽게 자신감을 얻는 것이다.

우리는 단지 결과를 만들기 위한 알맞은 행동을 선택하면 된다. 그럼 그 작은 선택들이 큰 결과를 가져올 수 있다. 결과를 만드는 행동을 유지하기 위해 기본적으로 실천해야 할 것들이 있다. 갑자기 엉뚱하게 보일 수도 있지만, 꼭 필요한 행동이다.

첫째, 집을 정리해라. 아침에 일어나면 침대 이불을 정리하고 집을 깔끔하게 세팅해라. 푹신하고 깨끗한 침구, 종류별로 분류해서 잘 정리된 집을 생각하면 기분이 좋아지지 않는가? 내가 이렇게 깔끔하고 정리된 집에서 살고 있다는 것을 느끼는 것이 중요하다. 사는 공간에 따라 삶의 질이 달라지기 때문이다. 집에 들어오면 물건이 널려 있고, 정리되어 있지 않으면 기분 자체가 엉망이 된다. 필요 없는 물건은 버리고 남은 물건은 정리함에 보관해라. 밖에서 아무리 힘든 일이 있었어도 집에 오면 편안한 안식처가 되어야 한다. 나 자신과 어울리는 공간은 이런 깔끔하고 정리된 공간임을 인식해야 한다. 이것이 내 삶을 깨끗이 만드는 비결이다.

둘째, 건강한 몸을 유지해라. 과자와 수많은 인스턴트 음식을 먹고 무기력하게 살 것인가? 소유하고 있는 자동차는 애지중지 관리하면서 왜 자신의 몸은 보살피지 않는가? 왜 그렇게 몸에 안 좋은 것들을 욱여넣는가? 만약 운동과 영양에 신경을 쓰고 있지 않다면 당장 행동해야 한다. 몸이 약해지면 정신은 나약해지고 내가 무엇을 원하고 선택하고 싶은지 판단할 수 없기 때문이다.

현재의 몸으로 평생을 살아야 한다. 소프트웨어를 업그레이드하려면 하드웨어 성능이 뒷받침되어야 하는 이치와 같다. 성장하기 위해서는 몸이 따라줘야 한다. 몸에 여유분은 없다. 우리에게 지금의 인생은 단 한 번뿐이고, 젊음은 생각보다 빨리 지나간다. 할까 말까 고민할 때는 행동하고, 먹을까 말까 고민할 때는 먹지 않으면 된다.

셋째, 올바른 자세와 복장을 유지해라. 허리를 반듯하게 펴고, 가슴을 내밀어라. 고개를 똑바로 들고 어깨를 펴라. 그리고 편안하고 깔끔한 옷을 입어라. 아깝다고 옷장에 수북이 쌓인 옷은 정리하고 정말 입을 옷만 남겨둬라. 깔끔하게 입고 다니는 것은 내 몸과 마음을 존중하는 자세이다. 이것은 나를 스스로 사랑스럽고 가치 있는 사람으로 대하는 방법이다. 타인을 위한 것이 아닌 나를 존중하기 위한 태도인 것이다.

넷째, 우아한 관계를 만들어라. 형제자매와 사이는 어떠한가? 부모에게 자주 전화하는가? 배우자를 무시하지는 않는가? 아이를 사랑으로 대하는가? 직장 동료에게 함부로 말하지는 않는가? 평생을 함께할 친구가 있는가? 특히 내 가족은 서로 존중하는 자세로 대하라. 가족 분위기가 침체되어 있다면 분위기를 새롭게 전환시켜라. 서로 다투고 무시하는 가족이 아닌 서로의 결점을 있는 그대로 바라봐주는 사이가 되어야 한다.

위 네 가지 이외에도 내가 행동해야 하는 것은 느낌으로 알 수 있다. 조금이라도 그만둬야 하는 생각, 말, 행동이 있다면 그냥 중단해라. 자신이 부끄러워지고, 나약해지고, 비겁하다고 느껴진다면 생각도 하지 마라. 그러나 대부분 부끄러운 행동을 하고, 비겁하다는 것을 알면서 스스로 묵인하고 외면한다. 이런 행동은 이제 그만둘 때가 되었다.

생각만으로도 기분이 좋아지고, 강해지고, 긍정적인 에너지가 느껴진다면 바로 행동해라. 단 하루만이라도 그렇게 행동해봐라. 그날 하루는 당신에게 선물이 되고 기적이 될 것이다. 그런 날을 몇 주 몇 달 반복하다 보면 세상을 바라보는 시각 자체가 변하게 된다. 이미 당신의 삶은 기적으로 가득 차 있다. 그것을 바라보지 못할 뿐이다. 당신이 무엇을 해야 하는지는 자신이 가장 잘 알고 있다. 바로 그것을 해라. 그리고 당신의 삶에 기적을 일으켜라.

# 08
## 지금부터 원하는 인생을 시작할 시간이다

> ❝
> 절대로 못 한다고 '생각'하지 말고, 그렇게 '말'하는 것을 경계하고,
> 그런 식으로 '행동'하지도 말아라.
> ❞

　초등학교 저학년 때다. 형과 누나는 집 건너편에 있는 피아노 학원에 다니고 있었다. 2층에 있는 학원이었는데 근처에 오고 가다 보면 피아노 소리가 항상 들려왔다. 피아노를 연주할 수 있는 형과 누나가 부럽기는 했지만 내가 연주할 생각은 아예 하지 않았다. 그러던 어느 날 어머니는 나도 피아노 학원에 가보자고 했다. 덜컥 겁이 났다.

"나 피아노 못 치는데요."

"아니. 피아노 못 치니까 가서 배우라는 거잖아."

어린 마음에 처음부터 피아노를 칠 수 있어야 학원에 다닐 수 있다고 생각했었다. 어머니의 손을 잡고 찾아간 피아노 학원은 낯설고 어려워 보였다. 원장 선생님이 제일 무서웠고, 나머지 선생님들은 상냥하게 대해줬다. 나를 맡게 된 선생님은 '도'의 위치를 알려줬다. 그리고 피아노 건반의 모든 '도'를 한 번씩 쳐보며 연습하고 있으라고 했다. 그렇게 '도'의 위치에 익숙해진 후 '도레미파솔라시도'를 왼손과 오른손으로 번갈아가며 치는 법을 배웠다. 그것이 익숙해진 후 양손을 동시에 치는 연습을 했다. 그렇게 기초부터 배우고 악보를 보며 연주하는 법을 익혔다.

선생님은 집에 가서 연습하라고 악보에 동그라미 10개씩 그려줬다. 1곡을 치면 동그라미 1개에 색을 칠하는 숙제였다. 어쩌다 숙제를 하지 않으면 무서운 원장 선생님에게 손등을 볼펜으로 맞았기 때문에 꼭 연습은 하고 놀았다. 형과 누나는 피아노 학원에서 돌아오면 연습은 안 하고 동그라미 10개를 한 번에 칠하고 나가 놀았다. 나는 1곡을 연주하면 동그라미 한 개를 꼭 칠하며 연습을 했다. 그렇게 피아노 학원을 몇 년 다니고 그만두었지만 좋아하는 악보를 구해 연습했다. 지금도 간단한 악보를 구해 취미로 연습을 한다. 어린 시절과는 다르게 모르는 악보라도 '연습하면 되지.'라는 생각이 바탕에 깔려 있다.

지금 생각하면 피아노를 칠 줄 몰라서 학원에 안 가겠다던 나 자신에 웃음이 나온다. 모르면 배우고 익히면 되는데 너무 겁을 먹었던 것이었다. 그런데 다 큰 사람들도 이런 태도를 종종 보인다. "저는 그것을 해본 적이 없어요. 너무 어려워요. 힘들 것 같아요." 자신의 능력이 고정되어 있다고 생각한다. 그래서 아예 시작조차 하지 않는다. 할 수 있는 일은 하고, 못 하는 것은 그 상태로 놔둔다.

또 다른 유형은 열정적으로 일을 시작한다. 학원을 등록하고, 관련 책을 사서 열심히 파고든다. 그런데 몇 번 하다 보면 고비가 있고 어려움이 생긴다. 작은 고비가 닥치면 절망하고, 한두 번 하다 안 되면 포기해버린다. 그리고 다시 그 일을 시도하지 않는다. '이것은 내 길이 아닌가 봐.'라는 생각으로 절망하고, 또 다른 일을 시작한다. 다른 것을 시작해도 고비는 항상 오게 마련이다. 그럼 또 포기해버린다. 마무리가 안 되고 계속 여기저기 헤매기만 한다.

마지막 유형은 성장하는 사람이다. '어떻게 하는지 모르겠지만 배우면 되지.'라는 태도를 가지고 있다. 내 능력이 고정되어 있지 않고, 항상 성장할 수 있다는 생각이 바탕에 깔려 있다. 고비가 오고 실패를 하면 조금 다르게 다시 시도해본다. 그런 과정을 겪으며 배우고 성장한다. 내가 제일 좋아하는 유형의 사람이다. 이런 사람과 함께 대화를 나누면 즐겁고, 서로 힘이 난다. 부정적인 것보다 긍정적인 것에 집중하기 때문이다. 특히 이런 유형의 사람과 잠깐이라도 대화를 나누면 많은 아이디어가 떠오른다.

파울로 코엘료의 『연금술사』는 어른을 위한 동화 같은 이야기다. 나에게 가슴의 울림을 준 몇 안 되는 책 중의 하나다. 예전 독서모임에서 열렬하게 토론을 벌이던 책이기도 하다. 양치기인 주인공은 세상을 돌며 많은 경험을 하고 싶었다. 자신의 꿈에 확신을 갖지 못해 망설이다가 용기를 내어 여행을 떠난다. 여행하다가 사기를 당해 모든 돈을 잃고 어려움을 겪는다. 다행히 일하게 된 가게가 잘되면서 돈을 꽤 모으게 된다. 주인공은 그 돈으로 고향에 돌아갈지 다시 여행을 떠날지 고민하게 된다. 그러다 자신의 느낌에 따라 다시 여행을 시작한다.

사람은 인생을 살면서 누구나 몇 번의 신호가 온다. 내가 관심 있는 분야의 사람을 만나거나, 새로운 일을 시작하거나, 단지 내 환경을 바꾸고 싶은 욕구가 강하게 끓어오를 때일 수도 있다. 그 신호들은 대부분 기회라는 이름표를 붙이고 명확하게 나타나지 않는다. 단지 나만의 느낌, 온몸의 떨림으로 알 수 있다. 일부 사람들은 그 느낌에 따라 기회를 붙잡는다. 다른 사람들은 느낌을 무시하거나 외면하고 기회를 놓쳐버린다. 그런 기회를 놓치는 이유는 몇 가지가 있다.

첫째, 현실이 너무 편안하다. 그 기회를 붙잡으면 현재의 편안함과 안락함을 포기할 수도 있기 때문에 망설이는 것이다. 현시대에는 굶어 죽을 일은 없다. 따뜻한 밥을 먹고, 푹신한 침대에서 자고 있는데 굳이 고생할 필요를 느끼지 못한다. 그래서 간절함이 없다. 요즘은 재미있는 것들도 참 많다. 영화, 드라마, TV, 게임, 휴대폰 등으로 너무 바쁘다. 정신없이 바쁘니 기회를 보는 것 자체가 힘들어진다. 그래서 더욱더 열심히 살기 힘든 시대이다.

둘째, 실패에 대한 두려움이 크다. 실패에 대한 두려움은 느낌에 따르는 것을 방해한다. 내가 너무 소중한 존재라서 상처 입고 자존심이 상할까 봐 실패를 아예 하지 않게 만든다. 신호와 느낌을 무시하는 것이 안전하다고 생각하기 때문이다. '부족하기만 한 내가 과연 꿈을 이룰 수 있을까? 그냥 하지 말자.'라고 생각하며 다시 현실의 편안함에 위로받는다.

그러면 지금 하는 일은 지겨워지고 모든 것이 재미없고 공허해진다. 기회가 나에게 인사를 했는데 무시하고 보내버렸기 때문이다. 다음에 다른 기회가 와도 내 느낌을 애써 무시한다. 그렇게 몇 번 느낌을 무시하다 보면 다시는 기회가 날 찾지 않는다. 운 좋게 기회가 다시 날 찾아와도 그것을 느낄 수 있는 감각이 떨어져서 볼 수도 없다.

당신은 어떤 사람인가? 못 하니까 안 하고, 내 느낌을 계속 무시하는가? 아니면 모르더라도 배우고, 자신의 느낌을 관찰하는가? 어떻게 해야 할지는 자신이 가장 잘 알고 있다. 절대로 못 한다고 '생각'하지 말고, 그렇게 '말'하는 것을 경계하고, 그런 식으로 '행동'하지도 말아라. 상상해봐라. 당신이 원하는 것을 선택하고 이루었을 때 얼마나 즐거울지 궁금하지 않은가?

당신에게 상처 주는 사람은 누구인가? 무기력하게 만드는 것은? 사랑과 두려움을 느끼게 만드는 것은 누구인가? 아이를 불행하거나 행복하게 만드는 사람은? 일의 노예로 만들거나 주인으로 만드는 것은? 누가 당신을 구속하고 풀어줄 수 있는가? 결과를 만들지 못하게 방해하는 것은 누구인가? 누가 당신을 무가치하다고 말하며 동시에 가치 있게 만드는가? 누가 당신을 자유롭게 할 수 있는가? 그것은 바로 당신 자신이다. 필요한 무기는 이 책을 통해 이미 당신 손에 있다. 어쩌면 당신이 잃어버린 것을 마침내 되찾은 것일지도 모른다. 깨어라. 지금부터 행동할 시간이다. 당신이 원하던 인생은 이제 막 시작되었다.

# 에필로그

## 일과 삶을 디자인하라!

아이들을 재우고 나서야 비로소 글을 쓸 수 있는 시간이 나에게 주어졌다. 한동안 잠을 안 자는 아이들 때문에 더 조급해지고 마음만 불안해졌다. 아내에게 부탁할 수도 있었지만 종일 고생한 그녀에게 조금이라도 자유시간을 주고 싶었다. 그래도 이제는 스스로 방의 불을 끄고 자는 아이들 덕에 글 쓰는 시간도 더 확보할 수 있다. 이 글을 쓰면서 나도 성장했지만 내 아이들도 성장한 것이다. 참 고마운 일이다. 이렇게 세상에는 고마운 일이 많다. 가족이 건강해서 고맙고, 함께할 수 있는 시간이 고맙고, 사랑할 수 있어 고맙고, 즐겁게 일할 수 있어 고맙고, 배우고 성장할 수 있어 고맙다.

조용한 밤에 혼자 이 원고를 쓰는 시간은 고독하면서도 흥분되고 행복한 순간이었다. 하루 중 유일하게 온전히 나 자신을 위한 시간이었기 때문이다. 글을 쓰다가 종일 고생한 아내의 얼굴을 보고, 자는 아이들 머리를 한 번씩 쓰다듬어주고, 창문에 서서 가로등을 바라보았다. 그렇게 보고 있는 나를 마주했다. 나 자신을 바라보고 관찰하며 얽혀 있는 많은 감정을 풀고, 보듬어주며 성장해나간 것이다.

우리는 모두 관찰자가 되어야 한다. 배우자나 연인을 관찰하고, 아이들을 관찰하고, 밖에서 만나는 모든 사람들을 관찰해야 한다. 관찰 속에서 그들을 더 이해하고 갈등을 해결할 수 있기 때문이다. 그런데 타인을 관찰하는 것보다 더 중요한 것이 있다. 그것은 바로 나 자신을 관찰하는 것이다. 내가 느끼는 감정과 생각을 관찰하다 보면 그동안 알지 못했던 나의 다른 모습들을 볼 수 있기 때문이다. 관찰을 통해 얻어진 마음의 그릇에 찌꺼기가 제거되고, 그렇게 깨끗해진 공간에 에너지가 충전된다. 그 에너지를 적절히 분배해서 비로소 삶의 균형을 이룰 수 있는 것이다.

원고를 쓰는 도중 코로나의 여파로 우리 주변에 많은 변화가 생겼다. 모든 오프라인 강연 일정은 취소되고, 사람들과의 만남은 온라인으로 변했다. 회사는 교대로 재택근무를 하고, 집에 있는 시간이 늘어났다. 이제는 외출할 때 마스크를 쓰지 않으면 어색하다. 아이들도 어린이집, 유치원, 초등학교에 가지 못해 집에서 하루하루를 보내야 했다. 하지만 이것이 끝이 아닐 것이다. 비대면뿐만 아니라 긍정적이든 부정적이든 더 많은 변화가 우리에게 찾아올 것이다. 이렇게 급변하는 환경에서는 더욱더 내 에너지의 균형을 이루는 것이 중요하다.

현재의 변화를 너무 걱정하지 말자. 하나의 문이 닫히면 다른 문이 열린다. 닫힌 문을 바라보며 속상해하기보다, 지금 열려 있는 문을 보며 그 속에서 새롭게 살아가야 한다. 무엇보다 중요한 것은 우리는 여전히 그대로 존재한다는 것이다. 사랑하는 사람이 있고, 매일 해야 할 일이 있고, 괜찮은 사람이 되고 싶은 우리는 현재 여기에 있다. 우리는 단지 균형을 잘 유지하며 더 나은 인생을 살면 되는 것이다.

수시로 몰려오는 두려움과 나 자신의 한계에 부딪치지만 그때마다 나를 믿고 행동하다 보면 어느덧 나도 모르게 결과가 만들어져 있다. 내가 할 일은 그저 나를 움직이게 만드는 것이다. 단지 그것뿐이다.

하루하루 감사한 마음으로 앞으로 더 크게 성장할 것이다. 그와 동시에 내가 알게 된 깨달음, 노하우, 비법을 많은 독자들과 함께 하고 싶다. 나 혼자 성장하는 것보다 여럿이 함께 성장한다면 세상을 조금 더 멋지게 만들 수 있지 않을까?